Viva voz americana, la de Gonzalo Rojas (1917) recuerda "No al lector: al oyente": "Quiero decirlo de una vez: me duele este oficio. Aunque no haya nunca otro mayor, como está escrito en el relámpago, ni el que te hace sabio, ni el que te hace poderoso, pero hay que merecerlo. No transar con el éxito ni con la adversidad. Porque dicha o desdicha, todo es mudanza para ser y más ser; y en eso andamos los poetas. Tal vez por ello mismo no funcionemos bien en ningún negocio: ni el del Este ni el del Oeste. Y nuestro negocio único tenga que ser la libertad. Libertad que a veces uno confunde con el salvacionismo solidario o la adhesión total; a mí me ha pasado. No mucho, desde el momento en que ya de niño mi única conducta o militancia fue siempre la poesía, pero me ha pasado. Claro que no hasta el punto de confundir poetizar con politizar, porque eso sería servidumbre, y alejarse del misterio. Y yo creo en el Misterio..."

Del relámpago concentra una compleja, siempre intensa trayectoria poética. Comprende una parte apreciable de *La miseria del hombre* (1948), *Contra la muerte* (1964), *Oscuro* (1977) y *Trastierro* (1979), estaciones de un itinerario donde la demasiada oscuridad del exiguo humano va revelando a un poeta cada vez más crítico y congruente con su propia hondura, enamorada y solitaria.

Colección Tierra Firme

DEL RELÁMPAGO

GONZALO ROJAS

DEL RELAMPAGO

FONDO DE CULTURA ECONÓMICA
MÉXICO

Primera edición, 1981

D.R. © 1981, Fondo de Cultura Económica
Av. de la Universidad, 975; México 12, D. F.

ISBN 968-16-0724-4

Impreso en México

El presente volumen incluye parte apreciable de *La miseria del hombre* (1948), *Contra la muerte* (1964), *Oscuro* (1977) y *Transtierro* (1979), más otras numerosas piezas inéditas en la urdimbre de un todo necesario, distribuido en tres vertientes conforme a un proyecto de vasos comunicantes.

Con reconocimiento: —A la Fundación JOHN SIMON GUGGENHEIM que en el arco de un septiembre a otro (1979-1980) me ha permitido concentrarme en el oficio mayor.

No al lector: al oyente

Lo peor en esto de leer en público es el espejo. Viene y se rompe. O viene uno y se encandila en él. Mejor atenerse, para huir la autotrampa, a lo que me dije alguna vez:
"Sólo se aprende, aprende, aprende,
de los propios, propios errores".
"Me enseñaron a ganarlo todo y a no perderlo todo. Y, menos mal que yo me enseñé solo a perderlo todo". ¿Solo? ¿No habrá también orgullo en eso?
Quiero decirlo de una vez: me duele este oficio. Aunque no haya nunca otro mayor, como está escrito en el relámpago; ni el que te hace sabio ni el que te hace poderoso, pero hay que merecerlo. No transar con el éxito ni con la adversidad. Porque, dicha o desdicha, todo es mudanza para ser. Para ser, y más ser; y en eso andamos los poetas. Tal vez por ello mismo no funcionemos bien en ningún negocio; ni del Este ni del Oeste. Y nuestro negocio único tenga que ser la libertad.
Libertad que a veces uno confunde con el salvacionismo solidario o la adhesión total; a mí me ha pasado. No mucho, desde el momento que ya de niño mi única conducta o militancia fue siempre la poesía, pero me ha pasado. Claro que no hasta el punto de confundir poetizar con politizar porque eso sería servidumbre, y alejarse del Misterio. Y yo creo en el Misterio. Ahora, que si me harté hasta el hartazgo de cualquier modo de consignismo, sin haber cedido nunca a su tentación, no iba a adherirme al otro fariseísmo de callar. De callar sucio, porque si no lo dices se te seca la lengua, y adiós vidente mío. Nada nunca con la mutilación temática justo porque el poeta de veras es él y más que él : uno y todos los mortales; el vencedor lo mismo que el vencido; el amante, el amado, el loco, que —como dijo Chesterton— lo ha perdido todo menos la razón; el *homo ludens*, casi nunca el *sapiens* pero a la vez el *homo religiosus*; el *zoon politikon*, el adivino; el nadie, el nada, el zumbido del Principio.
¿Pero no vinimos entonces a oír unos versos?

I
PARA ÓRGANO

Leopardo
duerme en sus amapolas el pensamiento.

Para órgano

Tan bien que estaba entrando en la escritura de mi Dios
esta mano, el telar secreto, y yo dejándola
ir, dejándola
sin más que urdiera el punto del ritmo, que tocara y tocara
el cielo en su música como cuando las nubes huyen solas
en su impulso abierto arriba, de un sur
a otro, porque todo es sur en el mundo, las estrellas
que no vemos y las que vemos, fascinación
y cerrazón, dalia y más dalia
de tinta.

Tan bien que iba el ejercicio para que durara, los huesecillos
móviles, tensa
la tensión, segura
la partitura de la videncia como cuando uno
nace y está todo ahí, de encantamiento
en encantamiento, recién armado
el juego, y es cosa
de correr para verla y olfatearla
fresca a la eternidad en esos metros
de seda y alambre, nuestra pobrecilla
niñez que somos y seremos; hebra
de granizo blanco en los vidrios, Lebu abajo
por el Golfo y la ululación, parco en lo parco
hasta que abra limpio el día.

Tan bien todo que iba, los remos
de la exactitud, el silencio con
su gaviota velocísima, lo simultáneo
de desnacer y de nacer en la maravilla
de la aproximación a la ninguna costa
que soy, cuando cortándose
cortóse la mano en su transparencia de cinco
virtudes áureas, cortóse en ella
el trato de arteria y luz, el ala
cortóse en el vuelo, algún acorde que no sé
de este oficio, algún adónde
de este cuándo.

LA PIEDRA

Por culpa de nadie habrá llorado esta piedra.

Habrá dormido en lo aciago
de su madre esta piedra
precipicia por
unimiento cerebral
al ritmo
de donde vino llameada
y apagada, habrá visto
lo no visto con
los otros ojos de la música, y
así, con mansedumbre, acostándose
en la fragilidad de lo informe, seca
la opaca habráse anoche sin
ruido de albatros contra la cerrazón
ido.

Vacilado no habrá por esta decisión
de la imperfección de su figura que por oscura no vio nunca nadie
porque nadie las ve nunca a esas piedras que son de nadie
en la excrecencia de una opacidad
que más bien las enfría ahí al tacto como nubes
neutras, amorfas, sin lo airoso
del mármol ni lo lujoso
de la turquesa, ¡tan ambiguas
si se quiere pero por eso mismo tan próximas!

No, vacilado no; habrá salido
por demás intacta con su traza ferruginosa
y celestial, le habrá a lo sumo dicho al árbol: —Adiós
árbol que me diste sombra; al río: —Adiós
río que hablaste por mí; lluvia, adiós,
que me mojaste. Adiós,
mariposa blanca.

Por culpa de nadie habrá llorado esta piedra.

CRÍPTICO

Non est hic: surrexit. Hubo alguno una vez
y por añadidura otro en la identidad, fálico, fos-
fórico, frenético, ¿pero qué sabe hoy nadie de frenesí
ni pensamiento salvaje? Viñedo es el nombre
de la Vía Láctea para ordeñar
uva y amor, tiempo fresquísimo de pastores
antes del cataclismo ¿pero qué sabe
nadie hoy
de Patmos para ver
eso y escribirlo? No habrá milenio
ni computador, ángeles
habrá. Lo
mohoso es el cuchillo.

Imago con gemido

1

Demasiado pétalo en el ruido, pintarrajeada
apariencia espacial, turbosílabas
que no alcanzarán el acorde
original de las nubes, por mucho
que me corte esta oreja y le diga a mi oreja: —Cállate,
oreja, hay que oír
con el ojo, pensar
pensamiento con la otra física
pineal, libre de lo salobre
del sentido, no andar huyendo de mi Dios, ser
uno mismo mi Dios, hablar con Él
despacito;

2

    iban,
no sé, irían
a dar las tres en el aire

3

cuando Él llamó a Pedro y vino Pedro
por esa puerta, se sentó
en mi silla, escribió
en arameo, siguió escribiendo
por mí
llorando.

Escrito con L

Mucha lectura envejece la imaginación
del ojo, suelta todas las abejas pero mata el zumbido
de lo invisible, corre, crece
tentacular, se arrastra, sube al vacío
del vacío, en nombre
del conocimiento, pulpo
de tinta, paraliza la figura del sol
que hay en nosotros, nos
viciosamente mancha.

Mucha lectura entristece, mucha envilece
                                      apestamos
a viejos, los griegos
eran los jóvenes, somos nosotros los turbios
como si los papiros dijeran algo distinto al ángel del aire:
somos nosotros los soberbios, ellos eran inocentes,
nosotros los del mosquerío, ellos eran los sabios.

Mucha lectura envejece la imaginación
del ojo, suelta todas las abejas pero mata el zumbido
de lo invisible, acaba
no tanto con la L de la famosa lucidez
sino con esa otra L
de la libertad,
de la locura
que ilumina lo hondo
de lo lúgubre

del laberinto,
            lambda
                    loca
                            luciérnaga
antes del fósforo, mucho antes
del latido
del Logos.

a Juan Liscano

Réquiem de la mariposa

Sucio fue el día de la mariposa muerta.
                         Acerquémonos
a besar la hermosura reventada y sagrada de sus pétalos
que iban volando libres, y esto es decirlo todo, cuando
sopló la Arruga, y nada
sino ese precipicio que de golpe,
y únicamente nada.

Guárdela el pavimento salobre si la puede
guardar, entre el aceite y el aullido
de la rueda mortal.
              O esto es un juego
que se parece a otro cuando nos echan tierra.
Porque también la Arruga...

O no la guarde nadie. O no nos guarde
larva, y salgamos dónde por último del miedo:
a ver qué pasa, hermosa.
                   Tú que aún duermes ahí
en el lujo de tanta belleza, dinos cómo
o, por lo menos, cuándo.

FRAGMENTOS

1

Del cerebro cae la esperma, cerebro líquido,
y entra en la valva viva: *et Verbum caro
factum est.*
        Leopardo
duerme en sus amapolas el pensamiento.
                              ¿Quién
me llama en la niebla?

2

Cuerpo que vas conmigo, piel
de mi piel, hueso de mi hueso, locura
de haber venido a esto, desde la madre
a la horca,
        sólo el Absoluto
es más fuerte que el leopardo,

3

un zarpazo, un ritmo,
                no hay
otra hermosura comparable:
                          ni la que besamos, ni
la que no alcanzamos a besar en la prisa
de la aguja terrestre,
                ni la majestad
del cielo y sus abismos, ni esta noche

tan
tersamente fragante
para yacer desnudos como vinimos
entre el fulgor y el éxtasis: como vinimos y nos vamos.

4

¿De qué se acuesta el hombre para morir, de qué latido
pernicioso, con la sien entrando hacia dónde
de la almohada y la oreja:
oreja ya de quién, nadando cuál
de los torrentes sombríos: el pantano
o el vacío sin madre: de cuál de las espinas
de la Especie?

5

Me invento en este Dios que me arrebata, me abrumo
en las vocales ciegas, me desperezo
entre estos libros sigilosos como serpientes,
                                      ¿cuánto
me queda en la trampa?
                       Díganme elocuente,
pero yo pregunto, pregunto.

6

Ya van cincuenta y siete, hila que hila, zumba
que zumba el zumbido contra el hueco del corazón.
                                                 Nacemos
y desnacemos en lo efímero, miramos
por el vidrio:
              uno
no sabe si es otro, si todo empieza cuando salimos,

7

del polvo
al polvo
del miedo
al miedo,
      de la sombra

8

a la nada.
      Sólo que de lo Alto
caemos con la esperma, nos encarnamos
en la apariencia, nos cortan de lo flexible
de la doncellez de la madre, nos secan a la intemperie
del llanto, y hay que subir, subir,
para ser:
      perdernos,
           perder
el aire, la vida, las máscaras, el fuego:
                    irnos quedando
solos
con
la
velocidad
de la Tierra.

9

Dormir por último en las piedras pero velar como el leopardo
entre las amapolas,
      aquí y allá,
           ser uno y otro
como el mar, vivir el Enïgma.

¿Todo
es igual a todo, mi Oscuro?
      ¿Todo
es igual a Ti mismo?
        A Juan Sánchez Peláez

Trotando a Blake

Y si éste mi cuerpo corporal fuera la trepanación de Blake, ese caballo
riente bajo el sauce, el mordisco
de haberlo vivido todo hasta el hartazgo, el pellejo
libertino que también tuvo trato con los ángeles
en los muslos de las hermosas, durmió con ellas,
oyó arder sus pezones, exageró
la transgresión, besó en su culo el
culo de Nínive, de New York el culo, rio la risa
ronca, la áspera
de Nietzsche, colorado
el tres, lo tiró todo a la
fragancia de la suerte.

Lo gozoso y lo luctuoso tiró él por mí al Támesis
turbulento, erró
errante por errar, rey o
mendigo, o
grabador en tigre nupcial, o
infarto que anda andando por las arterias
disyuntivas, o
este metro setenta ya trizado en su vidrio que nos perdona
o no en la vejez de las semanas, éste y no otro
seso bajo el gorro frigio que hemos usado ambos en
loor de la locura de la calvicie
de la revolución francesa él, yo rusa, o al revés
idéntico de este sauce porque este sauce es al revés
del caballo parado ahí pastando en el potrero

del planeta, y es él el que se llama Gonzalo
si es que el cuerpo es de uno y esto dura, así
caigan los imperios, y sea la nariz
la que funde el fundamento y establezca el arbitrio,
los dos ojos a cada lado, de ver lejos
hasta ni él ni yo sabemos dónde.

Cuestión de velocidad, del xviii al xx casi no hay madre que morir
ni galaxia resurrecta, se repite
la repetición, cómese,
bébese sangre, duérmese veinticinco
de las veinticuatro, estremécese mudo el Hado
de tanta y ninguna belleza, ¡para
la risa la belleza!, la
justicia, muérese
la mariposa que hubo, ¿qué fue entonces
de William veedor?, ¿estaba hueco
el aire?

Al silencio

Oh voz, única voz: todo el hueco del mar,
todo el hueco del mar no bastaría,
todo el hueco del cielo,
toda la cavidad de la hermosura
no bastaría para contenerte,
y aunque el hombre callara y este mundo se hundiera
oh majestad, tú nunca,
tú nunca cesarías de estar en todas partes,
porque te sobra el tiempo y el ser, única voz,
porque estás y no estás, y casi eres mi Dios,
y casi eres mi padre cuando estoy más oscuro.

FIGURA MORTAL

El furor, el escándalo:
el carro de la harina que se cruza
con la carroza, frente al cementerio.

1940

Larvario a los 60

Así no hay más proyecto que eso: el registro del tres en el uno del pensamiento poético. Pensamiento poético de alguien que oyó el zumbido de la abeja tenaz a cada instante sin ceder casi nunca a la tentación de la vitrina. Y es que, como tantos otros aprendices, no creo gran cosa en la letra pública hasta que no se nos impone como palabra viva y necesaria, y parece exigirnos de veras la participación del oyente para poder seguir respirando, y respirándola.

"—Mis lectores, dijo Blake una vez, se hallan en la eternidad." Pero la eternidad es esto mismo.

No le copien a Pound

No le copien a Pound, no le copien al copión maravilloso
de Ezra, déjenlo que escriba su misa en persa, en cairo-arameo, en
[sánscrito,
con su chino a medio aprender, su griego translúcido
de diccionario, su latín de hojarasca, su libérrimo
Mediterráneo borroso, nonagenario el artificio
de hacer y rehacer hasta llegar a tientas al gran palimpsesto de lo Uno;
no lo juzguen por la dispersión: había que juntar los átomos,
tejerlos así, de lo visible a lo invisible, en la urdimbre de lo fugaz
y las cuerdas inmóviles; déjenlo suelto
con su ceguera para ver, para ver otra vez, porque el verbo es ése: ver,
y ése el Espíritu, lo inacabado
y lo ardiente, lo que de veras amamos
y nos ama, si es que somos Hijo de Hombre
y de Mujer, lo innumerable al fondo de lo innombrable;
                             no, nuevos semidioses
del lenguaje sin Logos, de la histeria, aprendices
del portento original, no le roben la sombra
al sol, piensen en el cántico
que se abre cuando se cierra como la germinación, háganse aire,
aire-hombre como el viejo Ez, que anduvo siempre en el peligro, salten
[intrépidos
de las vocales a las estrellas, tenso el arco
de la contradicción en todas las velocidades de lo posible, aire y más
[aire
para hoy y para siempre, antes
y después de lo purpúreo

del estallido
simultáneo, instantáneo
de la rotación, porque este mundo parpadeante sangrará,
saltará de su eje mortal, y adiós ubérrimas
tradiciones de luz y mármol, y arrogancia; ríanse de Ezra
y sus arrugas, ríanse desde ahora hasta entonces, pero no lo saqueen;
                                              [ríanse, livianas
generaciones que van y vienen como el polvo, pululación
de letrados, ríanse, ríanse de Pound
con su Torre de Babel a cuestas como un aviso de lo otro
que vino en su lengua;
                      cántico,
hombres de poca fe, piensen en el cántico.

ALGO, ALGUIEN

Las personas son máscaras, las acciones son juegos de enmascarados,
los deseos contribuyen al desarrollo normal de la farsa,
los hombres denominan toda esta multiplicidad de seres y fenómenos,
y consumen el tesoro de sus días disfrazándose de muertos.

Yo vi el principio de esta especie de reptil y de nube;
se reunían por la noche en las cavernas;
dormían juntos para reproducirse.
Todos estaban solos con sus cuerpos desnudos.
En sus sueños volaban como todos los niños,
pero estaban seguros de su vuelo.

He nacido para conducirlos por el paso terrestre.
Soy la luz orgullosa del hombre encadenado.

¿Mío mi Dios, el viento que sopla el mar del tormento y del gozo,
el que arranca a los moribundos su más bella palabra,
el que ilumina la respiración de los vivientes,
el que aviva el fuego fragmentario de los pasajeros sonámbulos?

El viento de su origen
sopla donde quiere; mis alas
invisibles están grabadas en su esqueleto.

En este instante,
todos los hombres están oyendo mi golpe, mi palabra:
los dejo en libertad.

1943

¿A QUÉ MENTIRNOS?

> *Vivimos, gran Quevedo, vivimos tiempo que*
> *ni se detiene, ni tropieza, ni vuelve.*

¿A qué mentirnos con la llama del perfume, con la noche moderna
de los cinematógrafos, antesalas terrestres del sepulcro?
Pongamos desde hoy el instrumento en nuestras manos.
Abramos con paciencia nuestro nido para que nadie nos arroje por
[lástima al reposo.
Cavemos cada tarde el agujero después de haber ganado nuestro pan.

Que en esa tierra hay hueco para todos: los pobres y los ricos.
Porque en la tierra hay un regalo para todos:
los débiles, los fuertes, las madres, las rameras.
Caen de bruces. Caen de cabeza o sentados.
Por donde más les pesa su persona, todos caen y caen.
Aunque el cajón sea lustroso o de cristal. Aunque las tablas
sin cepillar parezcan una cáscara rota con la semilla reventada.

Todos caen y caen, y van perdiendo el bulto en su caída
¡hasta que son la tierra milenaria y primorosa!

1946

Fosa con Paul Celan

A todo esto veo a nadie, pulso el peso
de nadie, oigo pardamente
a nadie la respiración y es nadie
el que me habita, el que
cabeza cortada piensa por mí, cabeza aullada,
                                                                                                      meo
por Rimbaud contra el cielo sin heliotropos
ni consentimiento,
                    de estrellas
que envejecen está hecho el cielo, noche
a noche el cielo, de hilo hilarante
cuya costura pudiera ser a medio volar
la serpiente,
              nadie el traje,
el hueso de la adivinación nadie,
                                  me aparto
a mi tabla de irme, salvación
para qué con todo el frío
parado en la galaxia que hace aquí, ciego
relámpago por rey; debiera uno,
si es que debiera uno, llorar.

Leo en la nebulosa

Leo en la nebulosa mi suerte cuando pasan las estrellas veloces y
[oscurísimas.
Rueda: plazo: zarpazo. ¡Salud, oh tigre viejo
del sol! Esta botella ¿nos dirá la verdad
antes que el vino salga volando por el éter? O te quemas
o te dejas cortar. Salud hasta la muerte,
Dylan Thomas: la estrella del alcohol nos alumbre
para ver que apostamos, y perdimos.

No estaba Dios. Corrimos demasiado veloces con la antorcha quemada
[en nuestras manos,
libérrimos y errantes por volar al origen.—Mi padre jugó sucio,
dijo Kafka el testigo.
            Mortal, mortal error
meter a nadie en esto de nacer: somos hambre.
Pero el fuego está abajo con los muertos que crecen todavía.

Somos hambre. Oigo voces y escribo sobre el viento sin hojas de mi tabla
de salvación. Ahí dejo temblando este cuchillo.
No hay cielo sino sangre, y únicamente sangre de mujer donde leen su
[estrella los desnudos.
Y otra cosa es la muerte que nos para de golpe. ¿Dónde estamos?
Sólo entonces el beso: ¡te palpo, Eternidad!
¡Te oigo en la madre oscura cuando empiezan llorando las raíces!

Por Vallejo

Ya todo estaba escrito cuando Vallejo dijo: —Todavía.
Y le arrancó esta pluma al viejo cóndor
del énfasis. El tiempo es todavía,
la rosa es todavía y aunque pase el verano, y las estrellas
de todos los veranos, el hombre es todavía.

Nada pasó. Pero alguien que se llamaba César en peruano
y en piedra más que piedra, dio en la cumbre
del oxígeno hermoso. Las raíces
lo siguieron sangrientas cada día más lúcido. Lo fueron
secando, y ni Paris pudo salvarle el hueso ni el martirio.

Ninguno fue tan hondo por las médulas vivas del origen
ni nos habló en la música que decimos América
porque éste únicamente sacó el ser de la piedra más oscura
cuando nos vio la suerte debajo de las olas
en el vacío de la mano.

Cada cual su Vallejo doloroso y gozoso.
                                        No en París
donde lloré por su alma, no en la nube violenta
que me dio a diez mil metros la certeza terrestre de su rostro
sobre la nieve libre, sino en esto
de respirar la espina mortal, estoy seguro
del que baja y me dice: —Todavía.

VELOCÍSIMO

Que los que saben sepan lo que puedan saber
y los que estén dormidos sigan aún durmiendo.

Piélago padre

Erguido sobre azules pétalos, príncipe del principio,
pasa el viento en un vuelo de palabras sobre el mar.

Entre dos candelabros se arrodilla la noche
y avanzamos oscuros lentamente, la nave

que alguna vez fue árbol, tabla de qué la suerte,
el mismo viento nacido de los pájaros.

altamar, hacia
Iquique, 1935

A LA SALUD DE ANDRÉ BRETON

> *Contigo y con el viento teníamos todo lo que
> necesitábamos.*
>
> B. C.

I

Y la Mosca decía, qué decía la Mosca: no es para tanto, nunca es para
[tanto, la nariz
no es para oler y todos reventamos:
tel qu'en Lui-même enfin l'éternité le change.
Hasta el siglo veintiuno, si vuelves. La comedia
se acabó, y el océano, y el pescado perdido.

Y la Mosca decía qué decía la Mosca: se remata este muerto,
cuánto por su cabeza de león milenario,
por su arrogancia etrusca y el aire de marfil,
cuánto por sus errores, baila y baila serpiente,
o se hunde este volcán con la vieja ceniza.

Ahí vas trotando adentro del carro de mudanzas, oh París
lúcido en tu diamante. Ahí decimos: —Espéranos.
Ahí te echamos los pétalos este septiembre sucio. No podríamos.

Las lilas de la lluvia para decirte adiós.
Y allí mismo Nadja llorando, y el enigma.

II

—Nunca fui de La Charca, la belleza será convulsiva, denuncio a los
[adeptos,
o no será. Salud, salud en el relámpago.
Correr, correr corriendo escala arriba. Corto lo más alto en la arteria
[de la asfixia,
y el espejo trizado, soy el vidrio esta sangre que yo mismo en el suelo:
[va a gotear.
Vine a decir que nada que nunca, que nacemos.

III

Lo que te debe toda la escritura del mundo y el oxígeno, lo que
te debe la locura de la razón y el mar de las tormentas,
lo que el ojo y la mano te deben, lo que el vidrio de las cosas, lo que la
[libertad,
la preñez, la niñez, lo que las nueve larvas
del caos, y de golpe estamos vivos.

Y el loco amor, lo que te debe el loco amor
de los desnudos, el Aullante.
Cráteres los sentidos, todo se abre y se cierra, y el loco, loco amor.
De este polvo vinimos, de este olor al cuchillo de este beso
de esta mujer de este hombre, y el aire, el aire, el aire,

para que venga el único, y escriba el otro lado
del vaivén de las cosas, el pentagrama abierto, y espéranos, el sol
del último vidente que anduvo entre nosotros,
cóndor sin madre: nadie, pero todos y todo, cuando pasan los días de
[la tierra
y el juego está jugado, y esas tablas terribles.

1966

Carta sobre lo mismo

Palabras, cuerdas vivas de qué, pobre visible
cuando tanto invisible nos amarra en su alambre sigiloso,
urdimbre de ir volando pero amaneces piedra,
                                               se
va, se viene, se interminablemente las arañas
tela que tela el mundo: particípalo
pero tómalo y cámbialo.

NUMINOSO

1

Al mundo lo nombramos en un ejercicio de diamante,
uva a uva de su racimo, lo besamos
soplando el número del origen,
                              no hay azar
sino navegación y número, carácter
y número, red en el abismo de las cosas
y número.

2

   Vamos sonámbulos
en el oficio ciego, cautelosos y silenciosos, no brilla
el orgullo en estas cuerdas, no cantamos, no
somos augures de nada, no abrimos
las vísceras de las aves para decir la suerte de nadie, necio
sería que lloráramos.

3

Míseros los errantes, eso son nuestras sílabas: tiempo, no
encanto, no repetición
por la repetición, que gira y gira
sobre
sus espejos, no
la elegancia de la niebla, no el suicidio:
                              tiempo,

paciencia de estrella, tiempo y más tiempo.
                                            No
somos de aquí pero lo somos:
                        Aire y Tiempo
dicen santo, santo, santo.

ALEPH, ALEPH

¿Qué veo en esta mesa: tigres, Borges, tijeras, mariposas
que no volaron nunca, huesos
que no movieron esta mano, venas
vacías, tabla insondable?

Ceguera veo, espectáculo
de locura veo, cosas que hablan solas
por hablar, por precipitarse
hacia la exigüidad de esta especie
de beso que las aproxima, tu cara veo.

LATÍN Y JAZZ

Leo en un mismo aire a mi Catulo y oigo a Louis Armstrong, lo reoigo
en la improvisación del cielo, vuelan los ángeles
en el latín augusto de Roma con las trompetas libérrimas, lentísimas,
en un acorde ya sin tiempo, en un zumbido
de arterias y de pétalos para irme en el torrente con las olas
que salen de esta silla, de esta mesa de tabla, de esta materia
que somos yo y mi cuerpo en el minuto de este azar
en que amarro la ventolera de estas sílabas.

Es el parto, lo abierto de lo sonoro, el resplandor
del movimiento, loco el círculo de los sentidos, lo súbito
de este aroma áspero a sangre de sacrificio: Roma
y África, la opulencia y el látigo, la fascinación
del ocio y el golpe amargo de los remos, el frenesí
y el infortunio de los imperios, vaticinio
o estertor: éste es el jazz,
el éxtasis
antes del derrumbe, Armstrong; éste es el éxtasis,
Catulo mío,
        ¡Tánatos!

ADULECENS, TIBI DICO

> *Libretas secretas garabateadas*
> *y páginas frenéticas mecanografiadas*
> *para tu exclusivo placer.*
> JACK KEROUAC

Tus flores no son hijas de nada, son las olas
inexplicables en su laberinto;
si una es olor, la otra es tempestad
pero todas te salen por la boca,
porque tienes adentro un árbol que te crece
hacia afuera, y te ahorca en su perfume,
y tu nariz se pudre por exceso y fatiga.

Por qué ofrecer un símbolo a cada hoja caída,
por qué llorar las ruinas antes de hacer el mundo
con tu sangre, por qué tu vida es un por qué
como una inmensa playa donde tú gritas dónde
hasta que salen todos los náufragos, y el aire
se te llena de monstruos inventados por ti?

Invéntate una costa donde el mar seas tú
para que así conozcas preguntas y respuestas,
y no caiga tu rostro al precipicio,
pasajero en tu humo.

1940

LA ETERNIDAD

Sin tener qué decir, pero profundamente
destrozado, mi espíritu vacío
llora su desventura
de ser un soplo negro para las rosas blancas,
de ser un agujero por donde se destruye
la risa del amor, cuyos dos labios
son la mujer y el hombre.

Me duele verlos fuertes y felices
jurarse un paraíso en el pantano
de la noche terrestre,
extasiados de olerse y acecharse
tigremente en lo inmóvil:

               —Piedad, estrellas,
por los párpados de éstos que no alcanzan a ver
el extrasol del Otro Juego, piedad por el cuándo
y el dónde de estos mortales, por la piel de esta espuma
aciaga, piedad, ley de los remolinos.

1943

Si de mi baxa lira

Te nombro, Realidad,
y renace en tu nombre lo profundo
del abismo del Génesis,
como un pájaro
de la corteza de mis secos labios.

1940

LA DIFUNTA DE ABRIL

I

Lo que es el sonido negro del teléfono, lo otro
de la acústica, ese aviso
en el tajo del amanecer,
                    lo que por último
es, mujer, todo: el martillazo
en las cuatro puntas;
                    ¡lo que es
todavía
tanta y tanta distancia
forzosa para oírlo!;
                    lo que es
este sollozo seco.

II

Te habrán velado ahí las vecinas en el salón
enorme de aquella casa
de madera interminable como
tu soledad, a los noventa
sin arrugas de tu lozanía;
                    el mar
tan próximo a tu ventana siempre, en ese
Iquique ruinoso de tu resplandor, habrá
azul y más azul ante el espejo ciego
llorado.

III

Uno a uno bajarían todos de sus retratos, los de la parentela
loca, con sus trajes
de novias y de novios, todas las hermanas
solteras, los niños
inmóviles en esa otra luz;
                      vendrían
en puntillas a verte tras el vidrio;
                            también
mi padre, con mi rostro.

IV

Lo que es eso que es, entre vagido y velorio, en este baile
que bailamos todos, vivientes
y difuntos, lo que es
la vejez sin máscara, mi última
sagrada, de aquellas mujeres sagradas
del Ovalle original que sin parir
me parieron, me dieron
el ventalle de la creación: muchacha
que pudiste haber sido mi madre,
                            vuelve,
te lo digo con mi letra
apresurada, vuelve a besar
el aire para mí, hoy
sábado diez, con tu coraje
de encina sin tiempo,
                      vuelve al verdor
del otro Oxígeno, al Padre:
                    ¡lo que es el **Padre**
                    bajo la **Tierra**
                    del **Tamarugal**
                    tremendo!

ELOHIM

No discuto
cuántas son las estrellas inventadas por Dios,
no discuto las partes de las flores
pero veo el color de la hermosura,
la pasión de los cuerpos que han perdido sus alas
en el vuelo del vicio;

entonces se me sube la sangre a la cabeza
y me digo por qué
Dios y no yo, que también ardo
como Él en el relámpago
único de la Eternidad?

1946

La materia es mi madre

Estoy creado en fósforo. La luz está conmigo.
La materia es mi madre.
Soy el pájaro ardiente de negra mordedura
que hace su nido en el pezón de la virgen,
por donde sale la materia
como una vía láctea,
a iluminarme el movimiento de la oscura
mancha solar del solo pensamiento.

A esas ubres estériles hoy vive amamantado
lo ilusorio de mi naturaleza
que busca en el carbón la veta de su sangre,
que pide a la tiniebla su ciega dinamita
en el proceso del alumbramiento
de la palabra.

De ese musgo gastado de apariencia difunta
me nutro como un puerco.

De esos pechos jugados, como naipes marcados,
y vueltos a jugar hasta el delirio
me alimento, me harto, y en ellos me conozco
cómo era antes de ser, cómo era mi agonía
antes de perecer en el diluvio.

1945

Lo ya visto

El rostro que perdemos cada mañana al comparar la velocidad del espejo con únicamente la vida,
                      ¿no será el indicio
de la Eternidad?

De *Cuaderno secreto*
     1936

El gran vidrio

> *Es hora de cerrar en los jardines de Occidente y desde hoy un artista será juzgado sólo por la resonancia de su soledad o la fuerza de su desesperación.*
>
> Cyril Connolly

Antimateria de los siete sellos, si este Vidrio se quiebra, ¿tendrá Tu Rostro y hablará por Tu Palabra?
             Felices los terrestres porque los días del abismo están contados y el gran juego de venir tendrá otra clave menos oscura, más natural, de acuerdo a la fragancia de las rosas.

EJERCICIO

Figúrate tanto
tirar letras en el papel dónde
queda entonces la escritura la herradura
para la suerte el burro mismo cómo
va a llegar a la cumbre.
1938

CONTRADANZA

Me adelanto a decírtelo así: vámonos rápido
línea que me vuelas libre, vámonos
al otro lado con la música,
porque pensando en todo como el cordero que oye
su balido púrpura en el temblor
del encantamiento, ya
no hay arco que medir de un verano a otro, ni
estelar acorde en este juicio de geómetras
menesterosos de la exactitud,
                           ni obediencia
que no sea a quién que no sea
majestuoso lo Único.

REMANDO EN EL RITMO

Cada lágrima derramada con pasión es un grano de arena robado al
[desierto del vacío:
cada beso es una llama para el resplandor de los muertos.

PAPIRO MORTUORIO

Que no pasen por nada los parientes, párenlos
con sus crisantemos y sus lágrimas
y aquellos acordeones para la fiesta
del incienso; nadie
es el juego sino uno, este mismo uno
que anduvimos tanto por error
de un lado a otro, por error: nadie
sino el uno que yace aquí, este mismo uno.

Cuesta volver a lo líquido del pensamiento
original, desnudarnos como cantando
de la airosa piel que fuimos con hueso y todo desde
lo alto del cráneo al último
de nuestros pasos, tamaña especie
pavorosa, y eso que algo
aprendimos de las piedras por el atajo
del callamiento.

A bajar, entonces, áspera mía ánima, con la dignidad
de ellas, a lo gozoso
del fruto que se cierra en la turquesa de otra luz
para entrar al fundamento, a sudar
más allá del sudario la sangre fresca del que duerme
por mí como si yo no fuera ése,
ni tú fueras ése, ni interminablemente nadie fuera ése,
porque no hay juego sino uno y éste es el uno:
el que se cierra ahí, pálidos los pétalos

de la germinación y el agua suena al fondo
ciega y ciega, llamándonos.

Fuera con lo fúnebre; liturgia
parca para este rey que fuimos, tan
oceánicos y libérrimos; quemen hojas
de violetas silvestres, vístanme con un saco
de harina o de cebada, los pies desnudos
para la desnudez
última; nada de cartas
a la parentela atroz, nada de informes
a la justicia; por favor tierra,
únicamente tierra, a ver si volamos.

Ars poética en pobre prosa

> *Lo que de veras amas no te será arrebatado*

Voy corriendo en el viento de mi niñez en ese Lebu* tormentoso, y oigo, tan claro, la palabra "relámpago". —"Relámpago, relámpago"—. Y voy volando en ella, y hasta me enciendo en ella todavía. Las toco, las huelo, las beso a las palabras, las descubro y son mías desde los seis y los siete años; mías como esa veta de carbón que resplandece viva en el patio de mi casa. Es el año 25 y recién aprendo a leer. Tarde, muy tarde. Tres meses veloces en el río del silabario. Pero las palabras arden: se me aparecen con un sonido más allá de todo sentido, con un fulgor y hasta con un peso especialísimo. ¿Me atreveré a pensar que en ese juego se me reveló, ya entonces, lo oscuro y germinante, el largo parentesco entre las cosas?

* *Leufü:* torrente hondo, en mapuche original. Después, en español, *Lebu*, capital del viejo Arauco invencible como dijera Ercilla en sus octavas majestuosas. Puerto marítimo y fluvial, maderero, carbonífero y espontáneo en su grisú, con mito y roquerío suboceánico, de mineros y cráteres —mi padre duerme ahí—; de donde viene uno con el silencio aborigen.

Contra la muerte

Me arranco las visiones y me arranco los ojos cada día que pasa.
No quiero ver ¡no puedo! ver morir a los hombres cada día.
Prefiero ser de piedra, estar oscuro,
a soportar el asco de ablandarme por dentro y sonreír
a diestra y a siniestra con tal de prosperar en mi negocio.

No tengo otro negocio que estar aquí diciendo la verdad
en mitad de la calle y hacia todos los vientos:
la verdad de estar vivo, únicamente vivo,
con los pies en la tierra y el esqueleto libre en este mundo.

¿Qué sacamos con eso de saltar hasta el sol con nuestras máquinas
a la velocidad del pensamiento, demonios: qué sacamos
con volar más allá del infinito
si seguimos muriendo sin esperanza alguna de vivir
fuera del tiempo oscuro?

Dios no me sirve. Nadie me sirve para nada.
Pero respiro, y como, y hasta duermo
pensando que me faltan unos diez o veinte años para irme
de bruces, como todos, a dormir en dos metros de cemento allá abajo.

No lloro, no me lloro. Todo ha de ser así como ha de ser,
pero no puedo ver cajones y cajones
pasar, pasar, pasar, pasar cada minuto
llenos de algo, rellenos de algo, no puedo ver
todavía caliente la sangre en los cajones.

Toco esta rosa, beso sus pétalos, adoro
la vida, no me canso de amar a las mujeres: me alimento
de abrir el mundo en ellas. Pero todo es inútil,
porque yo mismo soy una cabeza inútil
lista para cortar, por no entender qué es eso
de esperar otro mundo de este mundo.

Me hablan del Dios o me hablan de la Historia. Me río
de ir a buscar tan lejos la explicación del hambre
que me devora, el hambre de vivir como el sol
en la gracia del aire, eternamente.

La palabra

Un aire, un aire, un aire.
un aire,
un aire nuevo:

                no para respirarlo
                sino para vivirlo.

Retrato de la niebla

No hay un viento tan orgulloso de su vuelo
como esta neblina volátil
que ahora está cerrando las piedras de la costa,
para que ni las piedras oigan latir su lágrima encerrada.

Oh garganta: libérate en goteantes estrellas:
echa a correr tus llaves a través de los huesos.
Que ruede un sol salado por la costa del día,
por las mejillas de las rocas.
Aparezcan las hebras del sollozo afilado en la espuma.

Niebla: posa tus plumas en la visión vacía
hasta donde las alas físicas de la muerte
abran la tempestad.
Sonámbula, apacienta tus ovejas sin ojos.
Famélica, devora la esencia y la presencia.
Oh peste blanca recostada en la marea.

Oh ánima del suicidio: ¿Quién no ama tus cabellos
perezosos y, al verte, ¿quién no mira su origen?
Neblina de lo idéntico: yo soy eso que soy,
y estoy como un carbón condenado a dormir en mi roca.

Me desvela el espectro de la revelación
debajo de esta blanca telaraña marítima
tejida por la historia de la luz cenicienta:
espina que me impide respirar
debajo de mi lengua.

1940

APARICIÓN

Por un Gonzalo hay otro, por el que sale
hay otro que entra, por el que se pierde en lo áspero
del páramo hay otro que resplandece, nombre por nombre, otro
hijo del rayo, con toda la hermosura
y el estrépito de la guerra, por un Gonzalo veloz
hay otro que salta encima del caballo, otro que vuela
más allá del 2,000, otro que le arrebata
el fuego al origen, otro que se quema en el aire
de lo oscuro: entonces aparece otro y otro.

Los niños

—Entre una y otra sábana o, aún más rápido que eso, en un mordisco, nos hicieron desnudos y saltamos al aire ya feamente viejos, sin alas, con la arruga de la tierra.

CRECIMIENTO DE RODRIGO TOMÁS

I

Libre y furioso, en ti se repite mi océano orgánico,
hijo de las entrañas de mi bella reinante:
la joven milenaria que nos da este placer de encantarnos
mutuamente, desde hace ya una triple primavera.

¿Cómo reconstruirte si ya estás, oh Rodrigo Tomás,
estirando en furor tu columna, tu impaciencia de ser el monarca?

¿Cómo reconstruirte para mejor hallarte
en tu luz esencial, entre el fulgor de mis pasiones revolcadas,
y esa persecución que va quemando los cabellos de María?

No sé por qué te busco en lo hondo de lo perdido, en esas noches
en que jugué todos mis ímpetus por un espléndido abandono
en poder de las olas lúgubres y sensuales,
a merced de una brisa que me daba a gustar la ilusión del cautiverio,
donde el libertinaje hace su nido.

No. Tu raíz es una estrella más pura que el peligro.
Es el encuentro de dos rayos en lo alto de la tormenta.
Es el hallazgo de la llave que te abrió la existencia y el presidio.

Antes de verte, en nadie vi tus ojos tiránicos.
Sólo las hembras tienen la encarnada visión de su deseo.
Ni pretendí heredero porque fui un poseído de mi propio fantasma.
Hasta que me robé la risa de tu madre para besarla y estremecerla.
A lo largo de un viaje a lo inmediato mío resplandeciente.

Ahora me pregunto cuál será el límite de tu carácter
si tu médula espinal fue la flor de los vagabundos
que se iban con los trenes, sin consultar siquiera el silbato de su azar.
Mordidos por los prejuicios. Curtidos por el viento libre.
¿Si tu madre y tu padre quemaron sus entrañas para salvar tu fuego?

¿Pero qué importa nada si hoy, por último, estás ahí
reunido en materia de encarnación radiante,
oyéndome, entendiéndome, como nadie en este mundo
podrá entender la tempestad de un parto?
—Oh, todos los mundanos te dirán que las pasiones rematan en un beso.

Tu madre y yo dormíamos cuando nos gritaste: «Heme aquí.»
«¿Qué esperáis a arrullarme en las ruedas de vuestra fuga?
¿Qué esperáis a participarme vuestro fuego?
—Yo soy el invitado que aguardábais antes de ser ceniza.»

Tu madre y yo dormíamos esa noche en la costa
mientras el mar cantaba para ti desde la profundidad de nuestro sueño,
con furor disonante, arrullando tus pétalos divinos.

Tu alta dinastía se remonta al resplandor de la nieve.
A las noches en que tu madre quería verte tras nuestra única ventana
y allí afuera la nieve era un diálogo ardiente
entre mi desesperación y el bulto vivo que contenía tu relámpago.

Así, tu madre te alumbró frente a esas dignas piedras de Atacama
con toda la entereza de su Escocia durmiendo en su mirada diamantina.
Te parió allí en la madrugada de septiembre de un día fabuloso
de la gran guerra mundial en cuyo primer acto yo también fui parido.
Así en la pesadilla de un siniestro espectáculo,
te alumbró con un grito que hizo cantar a las estrellas.

Oh, qué frío tan encendidamente gozoso
el aire de tu aparición en este mundo:

traías tu cabeza como un minero ensangrentado
—harto ya de la oscuridad y la ignominia—:
reclamabas a grandes voces un horizonte de justicia.
Querías descifrarlo todo con tu llanto.

Te di para tu libertad la nieve augusta y el lucero.
Yo fui tu centinela que te veló en el alba.

Aún me veo, como un árbol, respirando para tus nacientes pulmones,
librándote de la persecución y el rapto de las fieras.
Ay, hijo mío de mi arrogancia
siempre estaré en la punta de ese paisaje andino
con un cuchillo en cada mano para defenderte y salvarte.

Primogénito mío: tu casa era lo alto de la nieve de Chile.
De la cobriza sierra te bajé hasta las islas polares.
Te quise navegante. Te arranqué de los montes.
Corrimos el desierto, las colinas, los prados,
y entramos a la mar de tus abuelos
por el Reloncaví de perla indescifrable.

Nos aislamos. Vivimos en trinidad y espíritu.
El mar cantaba ahora en el huerto de nuestra casa.
Tú respirabas hondo. Jugabas con la arena y la neblina.
Por el Golfo lloraban sirenas en la noche.
Los pescados venían a conversarte en tu lengua primitiva.

Me veo galopando en mi caballo a la siga de las nubes,
remando para dar más brío a los veleros,
cortado en la escotilla de la niebla, durmiendo encima de los sacos.
Junto a corderos tristes, viendo bramar el Este enfurecido.
Pensando en ti, en tu madre poco antes de morirme.

Cuando llegaba el día, yo saltaba a la arena,
corría por el bosque todavía empapado por la lluvia.

Vosotros me mirábais como a un náufrago viviente.
y me dabais el beso de la resurrección y de la gracia.

Oh madera rajada por el hacha. Oh ladrido
del viento sobre el Golfo todos los días navegado.
Adiós. Ya nos partimos de vosotros, oh peces.
Dadle a Rodrigo Tomás la lucidez de vuestro pensamiento.
Adiós, islas sombrías: ya el rayo nos está llamando.

Trenes.
Pájaros.
Playas.
Toda la geografía
de Chile, para ti, mi hambriento hidalgo.
Mi bien nacido soplo: para ti todo el fuego.
Para ti lo telúrico, lo enardecido. Todo
lo que te haga crecer más lejos que el relámpago.

Tierra para tu sangre. Mar y nieve
para tu entendimiento, y Poesía
para tu lengua.

Oh Rodrigo Tomás: siempre estarás naciendo de cada impulso mío.
De cada espiga de tu madre.

Cuando estemos dormidos para siempre,
oh Rodrigo Tomás: siempre estarás naciendo.

Entonces,
no te olvides de gritarnos:
«Heme aquí.»
«¿Qué esperáis a arrullarme en las ruedas de vuestra fuga?
¿Qué esperáis a participarme vuestro fuego?
—Yo soy el invitado que aguardábais antes de ser ceniza.»

II

—Pero el hijo es el padre, dice el Coro Mortal: ahí la rueda
de la germinación.
    En el peligro
te hiciste hombre, Rodrigo Tomás. Dámela fuerte,
compañero, tu mano.

—«Las cinco y veinticinco, y es un varón». Naciste
varón, y vas entero, el espinazo duro
del valiente. Subiste tan libre por el aire,
oh aprendiz de las cosas visibles y temibles.

Hueso lo que fue llama. El paraíso
y al fondo el moridero. O aguantamos
o caemos. Lloramos, todavía lloramos,
por la abeja sagrada que perdimos.

Nadie puede el océano. ¿Qué saben los terrestres
sino nacer desnudos?
    Pasa el tiempo.
Pasa el tiempo, y no pasa, con sus tijeras sordas,
cortando en la raíz de la hermosura.

    A Alonso, hijo de Rodrigo, hijo de Gonzalo.
    El texto del I movimiento es de 1946
      y el del II de 1964.

El recién nacido

Las galaxias estaban prácticamente en contacto hace seis mil millones
[de años,
y los gallos de Einstein cantan desde otras cumbres
pero nadie los oye. Leamos en el cielo
libremente el origen.

Tú que vienes llegando con octubre gozoso
y los ojos abiertos en la luz de tu madre,
oh Gonzalo invasor, amárranos sin término
a la estrella más alta.

Todo es parte de un día para que el hombre vuelva,
para que el hombre vuelva a su morada.
Tú que entraste volando dinos qué pasa arriba,
pero sigue volando.

A mi Gonzalo hijo
con sus ojos abiertos
desde antes.

Noche

Eres la solución del sistema solar,
la incógnita resuelta de las ondulaciones
que establece en la tierra y el mar el equilibrio,
la madre de los sueños, donde empieza
toda sabiduría.
1940

OFICIO DE GUILLERMO

> *Was bleibt aber, stiften die Dichter.*
> HOLDERLIN

Entre la máscara y la transparencia arde la ciencia
del insomne en este libro
de marfil con llamas adentro, con
cerebro de jaguar y Espíritu
Santo; entremos con reverencia
a sus páginas de aire:

respiremos ahí la mariposa
del caos creador; nadie
apartó antes las aguas de las aguas, nadie
el instante de lo permanente supo abrir así, con esta letra
minuciosa, tan sigilosa.

A Guillermo Sucre

El dinero

Yo me refiero al río donde todos los ríos desembocan,
al gran río podrido,
donde vienen a dar nuestros pulmones que hemos criado para el aire,
al río coagulado que lleva en su corriente sanguínea los despojos
de nuestra libertad: todas las rosas
en sus alcantarillas comerciales,
las rosas del placer y de la dicha, las rosas de una noche
que se abrieron a todos los sentidos,
depositadas hoy en las aguas viscosas, donde las siete plagas
nos manchan y nos muelen, nos consumen, nos comen
con sus dientes inmundos bajo el beso y la risa del encanto.

El río entra en nosotros,
y nosotros entramos en el río.
Es una guerra a muerte, como la del microbio
que nos roba el color de nuestra sangre,
a cambio del sustento con que nos embrutece, y nos permite
unas horas de amor después de la fatiga del trabajo.

Cuando al amanecer saltamos al abismo
desde el confort caliente de nuestros blancos lechos,
y ponemos los pies sobre las cosas,
abrimos la ventana para mirar el cuerpo
de nuestra realidad, y antes que salga el sol
sale para nosotros la lividez del río,
el aliento malsano del río de la muerte
que nos cobra intereses por velar nuestra noche.

Por las noches, las prostitutas lo enriquecen,
los criminales que entran a casa de sus víctimas
con la muerte en los ojos, los avaros que creen
aprovecharse de él, y son las pobres pústulas
de este infinito río reventado
como llaga monstruosa.

Todos los miserables contribuyen
al desarrollo, al crecimiento informe
de este charco sin término.

Los Bancos y los Templos abren sus grandes puertas
para que pase el río.
Todo se normaliza para que el río reine sobre vivos y muertos
y de todos los ojos que corren por las calles
sale el color maligno de su agua purulenta,
y de todas las bocas sale el olor del río.

Comemos, trabajamos por el honor del río
y el día que morimos, nuestra mísera sangre
es devorada por el río,
y nuestros duros huesos que parecían dignos de la tierra
también sirven al río
como otros tantos testimonios
de su poder, que pone blandas todas las cosas.

¿Cómo parar su cauce envenenado,
cómo cortar las grandes arterias de este río
para que se desangre de una vez, y eche abajo
las tiendas y los tronos
que vive construyendo sobre nuestra miseria?

Pero no lo gritemos. Que él sabe nuestra suerte,
él es la institución y la costumbre,

él vence los regímenes, demuele las ideas,
él mortifica al pobre, pero revienta al rico
cuando no se somete a lamer su gangrena,
él cobra y paga, sabe lo que quiere
porque es la encarnación de la muerte en la tierra.

1940

Alta, muy alta, vuela la gaviota

(Sobre un acorde del poeta Hugo Zambelli)

Y por traerme el arpa, a mi Dios me has traído;
y me has traído el beso del río y de su escoria.

Y me has traído tierra que comí cuando niño
como una fierecilla entre las hojas húmedas.

Y me has traído el Golfo que perdí a los siete años,
cuando el andarivel pasaba media legua por el cielo
tiñendo de carbón todas las nubes.

TEMPUS ABIRE TIBI EST

Tiempo de que te vayas. Lusisti satis. Jugaste
bastante, comiste
romanamente, y bebiste.
Tempus abire tibi est.

Oh pureza, pureza

Abro mis labios, deposito en la atmósfera un torrente de sol
como un suicida que pone su semilla en el aire
cuando hace estallar sus sesos en el resplandor del laberinto.

Ya sé que el sol de la muerte me está haciendo girar en un eterno proceso
de rotación y traslación llamado falsamente Poesía.
A veces, como hoy, esta aparente confusión me hace reír, me hace reír.
Este torbellino de palabras volcánicas como una erupción,
que son una amenaza para los sacerdotes del soneto y el número.

Pero es un sol innumerable lo que me sale por la boca,
como un vómito de encendido carbón que me abrasara las ideas y las
[vísceras.

1943

Foto para revelar

Comelibros amante, cosmonauta riente, de ti
se trata en estas líneas,
del hambre y sus costillas cuando libre libérrimo
comes comes mujer para comer Espíritu, polvo
las bellas pasarán, el infierno y el cielo pasarán,
videntes las vocales de Rimbaud pero nunca,
y el Logos hablará por el abismo.

Apaleado, apaleado, lo rápido de tanta juventud, eso que,
eso que las estrellas y la suerte está echada; de repente
el hombre es hombre y pone su pellejo hasta el último peligro:
no hay madre en esto, saltas o te pudres adentro, la
matadura es la figura.

El principio y el fin

Cuando abro en los objetos la puerta de mí mismo:
¿quién me roba la sangre, lo mío, lo real?
¿Quién me arroja al vacío
cuando respiro? ¿Quién
es mi verdugo adentro de mí mismo?

Oh Tiempo. Rostro múltiple.
Rostro multiplicado por ti mismo.
Sal desde los orígenes de la música. Sal
desde mi llanto. Arráncate la máscara riente.
Espérame a besarte, convulsiva belleza.
Espérame en la puerta del mar. Espérame
en el objeto que amo eternamente.

1940

EL ESPEJO

Sólo se aprende aprende aprende
de los propios propios errores.

Al muerto lo bañaron

Al muerto lo bañaron, lo compusieron, lo cerraron
y lo enterraron. Prohibida la nariz orgullosa
que le dio el aire lúcido.
                    Pero esto no se entiende sino abajo
cuando la Oreja es tiempo y el sol brilla al revés
y uno vuela en lo inmóvil.
                    Coraje, mi esqueleto:
ninguno, por muy limpio, se mancha, y está claro
que este pez volador va entrando en otra órbita.

EL SOL, EL SOL, LA MUERTE

Como el ciego que llora contra un sol implacable
me obstino en ver la luz por mis ojos vacíos
quemados para siempre.

De qué me sirve el rayo
que escribe por mi mano, de qué el fuego,
                                        lo
hondo
de lo hondo,
        ¿de qué el Mundo?

¿De qué el cuerpo, este cuerpo que me obliga a comer,
a dormir, a gozar, a me desesperar,
a palpar los placeres en la sombra
de la sombra?

1940

Warum, mein Gott?

¿Dónde está el libro abierto con el cuadro del juicio?
¿Dónde la letra angélica tocada por la gracia?
¿Cuál de estos cuerpos guarda la tinta del vidente?

Oigo un coro en la lluvia de la luz afilada,
destapar mi sellada cara descolorida:
"Si mueres, qué te vale ganar el mundo entero".

1941

Gato negro a la vista

Gato, peligro
de muerte, perversión
de la siempreviva, gato bajando
por lo áspero, gato de bruces
por lo pedregoso en
ángulo recto, sangrientas
las úngulas, gato gramófono
en el remolino de lo áfono, gato en picada
de bombardero, gato payaso
sin alambre en lo estruendoso
del Trópico, arcángel
negro y torrencial de los egipcios, gato
sin parar, gato y más gato
correveidile por los peñascos, gato luz,
gato obsidiana, gato mariposa,
gato carácter, gato para caer
guardabajo, peligro.

Viendo bailar al aire

Loco, Tao:
¿quiere decir que está en movimiento?

Que está en movimiento:
¿quiere decir que va lejos?

Que va lejos:
¿quiere decir que retorna?

Efímero,
imago inmóvil: todo efímero.

1937

Una vez el azar se llamó Jorge Cáceres

Una vez el azar se llamó Jorge Cáceres
y erró veinticinco años por la tierra,
tuvo dos ojos lúcidos y una oscura mirada,
y dos veloces pies, y una sabiduría,
pero anduvo tan lejos, tan libremente lejos
que nadie vio su rostro.

Pudo ser un volcán, pero fue Jorge Cáceres
esta médula viva,
esta prisa, esta gracia, esta llama preciosa,
este animal purísimo que corrió por sus venas
cortos días, que entraron y salieron de golpe
desde su corazón, al llegar al oasis
de la asfixia.

Ahora está en la luz y en la velocidad
y su alma es una mosca que zumba en las orejas
de los recién nacidos:
                    —¿Por qué lloráis? Vivid.
                    Respirad vuestro oxígeno.

Espacio

Subo a pedir aire a gritos a las cumbres; el cielo está más bajo que la tierra.

La turbina

Unicuique suum tribuere, al pez
su pavor, a este aciago
domingo de aluminio en llamas el estruendo
de su pernicie, a
estos trescientos o más
musulmanes por el aire aéreo de Esmirna su
cimitarra alta, su
Alah sin nariz,
          ¿quién
de estos quiénes, cuál
de estos cuáles habrá cantado entre las nubes?

TODAVÍA TÚ

—"Helí, Helí,
lemá sabaktaní",
               aullido
rojo como el oxígeno
de la Especie, costado
abierto y torrencial de Quién:
                              esto
es mío, o
de Otro?

cuando vengas vendrás,
vendrás y estás viniendo en lo más alto de los gallos,
                                                    no sé
cómo decirlo, cómo
escribirlo con alquitrán en este muro.

Y NACER ES AQUÍ UNA FIESTA INNOMBRABLE

a José Lezama Lima (1910-1976)

Respiras por palabras diez mil veces al día,
juras por el amor y la hermosura
y diez mil veces purificas tus pulmones
mordiendo el soplo de la ráfaga extranjera,
pero todo es en vano, la muerte, el paladar,
el pájaro verbal que vuela de tu lengua.

Naturaleza del fastidio

Ni el pan de la razón ni el pan de la locura,
ni el pensamiento sólido ni el pensamiento líquido
saben tanto del hombre como el cráneo nublado
por el aburrimiento.

Es un vapor que emana de toda la tristeza
depositada adentro como una nebulosa,
poblada por los blancos microbios de la muerte
como el gas de la asfixia.

1940

POIETOMANCIA

—Abra bien la izquierda, estire el pulgar hacia afuera; todo
está escrito por el cuchillo: libertinaje
y rigor, los días inmóviles
y los turbulentos en esa red; la tristísima
muchacha llorando; la identidad
del uno en el tres, ¿comprende?; larga infancia
con estrella rota; viajes, para qué tanto
viaje y viaje; aquel accidente esa noche
de Madrid; honores, muchos honores,
golpes de timón; un gran castigo
hasta sangrar, qué manera de sangrar; cambios otra vez
con la protección de Júpiter, siempre Júpiter; crecimiento
hasta lejos en los dos hijos; aquí está el derrame,
cierre esa mano de loco, cerebral.

DEL LIBRO MUNDO

Del libro mundo que alguien quiso escribir a los quince al alba en español de los cuatro vientos o más abajo —amor y guerra— en el después torrencial, propongo ahora rápidas estas páginas míseras. Míseras de lo mismo, hartazgo y desenfreno, danza y mudanza, pues no hay Transtierro *en mí si no hay* Oscuro *en la simultaneidad del oleaje:* Contra la Muerte ahí, La Miseria del Hombre. *Que todo es todo en la gran búsqueda del desnacido que salió de madre a ver el juego mortal, y es Uno: repetición de lo que es. Antología de aire, metamorfosis de lo mismo.*

Ya encima de los sesenta velo sin dormir, la lectura de las estrellas es otro éter; subiera sonámbulo por esa escala, no está la figura sino la trizadura, y es diciembre. Toco ronco el acorde de estos años, el vuelco de fortuna: nos mataron sangrientamente la nieve. Pero Chile arde en mí, Venezuela «llamarada de mi Dios» es mi morada, mía es mi España-aparta-de-mí-este-cáliz.

Transtiérrate, le entonces digo a mi alma, y verás. El origen verás, la patria honda del transtierro. Que es Tierra y más, palabra viva y rehallazgo; aquí, allá, sin nadie, con Quevedo. Que nos amó y nos hizo; con San Juan de la Cruz. Y Vallejo, y Huidobro, y Pablo, y Luis Cernuda, y el otro Pablo. Y aiuleia!

El vaticinio dice amaneciendo.

Acorde clásico

Nace de nadie el ritmo, lo echan desnudo y llorando
como el mar, lo mecen las estrellas, se adelgaza
para pasar por el latido precioso
de la sangre, fluye, fulgura
en el mármol de las muchachas, sube
en la majestad de los templos, arde en el número
aciago de las agujas, dice noviembre
detrás de las cortinas, parpadea
en esta página.

II

LAS HERMOSAS

> ...*de estrellas*
> *que envejecen está hecho el cielo, noche*
> *a noche el cielo...*

LAS HERMOSAS

Eléctricas, desnudas en el mármol ardiente que pasa de la piel a los
[vestidos,
turgentes, desafiantes, rápida la marea,
pisan el mundo, pisan la estrella de la suerte con sus finos tacones
y germinan, germinan como plantas silvestres en la calle,
y echan su aroma duro verdemente.

Cálidas impalpables del verano que zumba carnicero. Ni rosas
ni arcángeles: muchachas del país, adivinas
del hombre, y algo más que el calor centelleante,
algo más, algo más que estas ramas flexibles
que saben lo que saben como sabe la tierra.

Tan livianas, tan hondas, tan certeras las suaves. Cacería
de ojos azules y otras llamaradas urgentes en el baile
de las calles veloces. Hembras, hembras
en el oleaje ronco donde echamos las redes de los cinco sentidos
para sacar apenas el beso de la espuma.

ACTA DEL SUICIDIO

Unos hechos pudieron ser los culpables, unos hechos
vertiginosos, caudalosos, con la fecha de ayer cuatro
de alguno de estos meses, Graciela
Coulson, ahí en Gainesville
con tu belleza bajo el césped, argentina
tu belleza blanca, sabiduría
y velocidad, ojos además celestes
para ver, para adivinar el Este, el
Oeste que llora, el Mundo.

Todo fue tan rápido, dos o tres estrellas
y mucho amor, Pedro y más Pedro,
Iván y más Iván, y el otro
que no se dice, el
que colmó la arteria hasta desbordarla, el apartamento
congelado en los pétalos de esta y aquesta
rosa que fuiste, ¡palabras!,
puras palabras perdedoras para apostar
ese número al Hueco ahí en el vidrio.

O estarás viéndolo todo en lo nupcial
del Gran Texto leyendo esos papiros
que nunca tejerán ni destejerán la urdimbre, el caballo
galopando todos los galopes, entre este
y el otro fulgor, en el arco
de lo instantáneo a lo instantáneo, con tu cabeza

trizada al viento, ese salto
de rara invención que no perdona.
                              De
los acorralados es el **Reino**.

Flash

Habráse visto tamaño cuerpo de rubia
loca en ese bar de Pittsburgh, un viernes
de humo con fascinación, besando
a todos los de la barra, el trasero
vuelto hacia nosotros, hurlante
la caballera, viciosillo todo, el escote,
el jazz
viciosillo, el espejo,

las mamparas, el batidero interminable de las mamparas por
donde entraban y salían los
que salían y entraban cada segundo, maldito
lo que importara la Eternidad a esa hora
ahí aceitosa, pública, Armando
diciendo lo suyo, Constance
lo suyo, yo el voyeurista
dele que dele con la rubia filósofa
obscena que no ha olido nunca
a Sócrates, mi mujer mirándome
arder, la elegancia de su risa

y el mar, el remolino del mar
que está lejos con su oleaje
blanco, ¿qué habrá sido
de Apollinaire contra lo áspero
de los arrecifes: habrá volado
ese músico? Fogonazo
de lo nuevo, ¿qué habrá sido
de Apollinaire?

Para Constance y Armando Romero

CALIFORNIANA

Putidoncella como en Quevedo fuérame el azar
de mujer: principio
del principio blanco de mariposas dado el volumen
y la velocidad del encanto, que no bien
se alza encima de la esbeltez impúdica
del metro óseo setenta sin
atender por entero a la embarcación, cuando
ya tira o algo así el arponazo
verde de aquesos ojos paraísos al
olfato áspero de los leones en el desafío
turbulento de los 28, con un
desdén, un
hartazgo de todo, altos
                       los
pezones que manaron nieve, airosa
la nuca, esos muslos
largos como acordes
lascivos.   Hablo
de una que vi corriendo volando pagana
de su hermosura hoy en
San Francisco.

Ghirardelli Square.

¿Qué se ama cuando se ama?

¿Qué se ama cuando se ama, mi Dios: la luz terrible de la vida
o la luz de la muerte? ¿Qué se busca, qué se halla, qué
es eso: amor? ¿Quién es? ¿La mujer con su hondura, sus rosas, sus
[volcanes,
o este sol colorado que es mi sangre furiosa
cuando entró en ella hasta las últimas raíces?

¿O todo es un gran juego, Dios mío, y no hay mujer
ni hay hombre sino un solo cuerpo: el tuyo,
repartido en estrellas de hermosura, en partículas fugaces
de eternidad visible?

Me muero en esto, oh Dios, en esta guerra
de ir y venir entre ellas por las calles, de no poder amar
trescientas a la vez, porque estoy condenado siempre a una,
a esa una, a esa única que me diste en el viejo paraíso.

EL AMOR

I

De pronto sales tú con tu llama y tu voz,
y eres blanca y flexible, y estás ahí mirándome,
y te quiero apartar y estás ahí mirándome,
y somos inocentes, y la marea roja
me besa con tus labios, y es invierno, y estoy
en un puerto contigo, y es de noche.

Y no hay sábanas donde dormir, y no hay, y no hay
sol en ninguna parte, y no hay estrella alguna
que arrancar a los cielos, y perdidos
no sabemos qué pasa, por qué la desnudez
nos devora, por qué la tempestad
llora como una loca, aunque nadie la escucha.

Y ahora, justo ahora que eres clara —permite—,
que te deseo, que me seduce tu voz
con su filtro profundo, permíteme juntar
mi beso con tu beso, permíteme tocarte
como el sol, y morirme.

Tocarte, unirte al día que soy, arrebatarte
hasta los altos cielos del amor, a esas cumbres
donde un día fui rey, llevarte al viento libre de la aurora,
volar, volar diez mil, diez mil años contigo,
solamente un minuto, pero seguir volando.

II

Son las cuatro, y la Muerte —esta casa es la muerte—
ya sube por mis venas, la asfixia
golpea a mi ventana. Es la hora. Aquí estoy
esperándote en pie. Yo soy el caballero
que buscas. No vaciles. Es mi hora.

No tiemblo, aquí me tienes, pero dame un minuto
de gracia, déjame
que la aurora le lleve mi beso y, con mi beso,
una espina de sangre a su boca, el color
de mi alma a su hermosura
para que se alimente de mí, y esto que soy
purifique sus labios más que el carbón ardiendo
y por sus labios salgan mis llamas cada día.

Mírala. Es cosa frágil pero yo la elegí
entre todas las hijas de mujer, como Dios
a su estrella más pura, para que arda en el viento
de mi gran desamparo. No parece dormir.
Ni respirar apenas. Ni estar triste.

Son las cuatro. Es la hora. Dile, oh Muerte, mi adiós.
Es la que amo: mi espiga delgada y olorosa.
Su pelo negro crece como un árbol. El mar
abre una playa entre sus pechos. Mira
lo que pasa debajo de sus ojos: el tren
la lleva por un bosque veloz. Está llorando,
porque no voy con ella.

Son las cuatro, mi Muerte. Sácame de esto ya,
sube a mi corazón. Estoy contento
de entrar a ti, de pie, como conquistador
al mar desconocido.

III

Mujer: crecemos, nos desesperamos creciendo,
oscuros, sin infancia, cada vez más oscuros,
hacia el único origen inminente
donde renaceremos, donde tú
renacerás para mí solo.

Para mí, para nadie
más que para mis besos, para mis treinta bocas,
para mi torbellino donde aprendiste un día
a caer velozmente como una estrella errante:
mujer, estrella mía, velozmente.

No me obstino en tocarte por sólo enardecerte.
Tengo experiencia: te amo.
Tengo violencia: te amo todavía más hondo,
todavía más lejos que todos los delirios
y, como ellos, te cobro posesión implacable.

Oh flor única: nadie
vio en tu naturaleza la libertad del día
como yo vi. Ninguno
te supo descifrar, apacible corola,
maternidad profunda.

Madre del hombre, madre de los sueños del hombre,
poseída, preñada por el furor del hombre,
por la inocencia, por el desamparo
del hombre.

Mujer, el tiempo pasa. Yo soy un hombre. Tú
eres una mujer. La poesía
es nuestra sangre. Todo
lo que puede decirse de nosotros es eso,

y algo más que es inútil
repetirlo.

IV

Unos meses la sangre se vistió con tu hermosa
figura de muchacha, con tu pelo
torrencial, y el sonido
de tu risa unos meses me hizo llorar las ásperas espinas
de la tristeza. El mundo
se me empezó a morir como un niño en la noche,
y yo mismo era un niño con mis años a cuestas por las calles, un ángel
ciego, terrestre, oscuro,
con mi pecado adentro, con tu belleza cruel, y la justicia
sacándome los ojos por haberte mirado.

Y tú volabas libre, con tu peso ligero sobre el mar, oh mi diosa,
segura, perfumada,
porque no eras culpable de haber nacido hermosa, y la alegría
salía por tu boca como vertiente pura
de marfil, y bailabas
con tus pasos felices de loba, y en el vértigo
del día, otra muchacha
que salía de ti, como otra maravilla
de lo maravilloso, me escribía una carta profundamente triste,
porque estábamos lejos, y decías
que me amabas.

Pero los meses vuelan como vuelan los días, como vuelan
en un vuelo sin fin las tempestades,
pues nadie sabe nada de nada, y es confuso
todo lo que elegimos hasta que nos quedamos
solos, definitivos, completamente solos.

Quédate ahí, muchacha. Párate ahí, en el giro
del baile, como entonces, cuando te vi venir, mi rara estrella.
Quiero seguirte viendo muchos años, venir
impalpable, profunda,
girante, así, perfecta, con tu negro vestido
y tu pañuelo verde, y esa cintura, amor,
y esa cintura.

Quédate ahí. Tal vez te conviertas en aire
o en luz, pero te digo que subirás con éste y no con otro:
con éste que ahora te habla de vivir para siempre
tú subirás al sol, tú volverás
con él y no con otro, una tarde de junio,
cada trescientos años, a la orilla del mar,
eterna, eternamente con él y no con otro.

A ESA QUE VA PASANDO AHÍ

Religo lo religioso de tus piernas a la sabiduría
alta de respirarte, mi aleteante,
                              a ti
te lo dice la nariz que soy, mi
cartílago casi
la costilla que alguna vez, el hueso
que seremos si somos.

1939

Siempre el adiós

Tú llorarás a mares
tres negros días, ya pulverizada
por mi recuerdo, por mis ojos fijos
que te verán llorar detrás de las cortinas de tu alcoba,
sin inmutarse, como dos espinas,
porque la espina es la flor de la nada.
Y me estarás llorando sin saber por qué lloras,
sin saber quién se ha ido:
si eres tú, si soy yo, si el abismo es un beso.

Todo será de golpe
como tu llanto encima de mi cara vacía.
Correrás por las calles. Me mirarás sin verme
en la espalda de todos los varones que marchan al trabajo.
Entrarás en los cines para oírme en la sombra del murmullo. Abrirás
la mampara estridente: allí estarán las mesas esperando mi risa
tan ronca como el vaso de cerveza, servido y desolado.

Tacto y error

Por mucho que la mano se me llene de ti
para escribirte, para acariciarte
como cuando te quise
arrancar esos pechos que fueron mi obsesión en la terraza
donde no había nadie sino tú con tu cuerpo,
tú con tu corazón y tu hermosura,
y con tu sangre adentro que te salía blanca,
reseca, por el polvo del deseo,

oh, por mucho que tú hayas sido mi perdición
hasta volverme lengua de tu boca,
ya todo es imposible.
              Hubo una vez
un hombre, una vez hubo
una mujer vestida con la U de tu cuerpo
que palpitaba adentro de todas mis palabras,
los vellos, los destellos;

                      de lo que hubo aquello
no quedas sino tú
sin labios y sin ojos,
para mí ya no quedas sino como la forma
de una cama que vuela por el mundo.

1939

Retrato de mujer

Siempre estará la noche, mujer, para mirarte cara a cara,
sola en tu espejo, libre de marido, desnuda
en la exacta y terrible realidad del gran vértigo
que te destruye. Siempre vas a tener tu noche y tu cuchillo,
y el frívolo teléfono para escuchar mi adiós de un solo tajo.

Te juré no escribirte. Por eso estoy llamándote en el aire
para decirte nada, como dice el vacío: nada, nada,
sino lo mismo y siempre lo mismo de lo mismo
que nunca me oyes, eso que no me entiendes nunca,
aunque las venas te arden de eso que estoy diciendo.

Ponte el vestido rojo que le viene a tu boca y a tu sangre,
y quémame en el último cigarrillo del miedo
al gran amor, y vete descalza por el aire que viniste
con la herida visible de tu belleza. Lástima
de la que llora y llora en la tormenta.

No te me mueras. Voy a pintarte tu rostro en un relámpago
tal como eres: dos ojos para ver lo visible y lo invisible,
una nariz arcángel y una boca animal, y una sonrisa
que me perdona, y algo sagrado y sin edad que vuela de tu frente,
mujer, y me estremece, porque tu rostro es rostro del Espíritu.

Vienes y vas, y adoras al mar que te arrebata con su espuma,
y te quedas inmóvil, oyendo que te llamo en el abismo
de la noche, y me besas lo mismo que una ola.
Enigma fuiste. Enigma serás. No volarás
conmigo. Aquí, mujer, te dejo tu figura.

A ESA EMPUSA

¿Culebra, o mordedura de pestañas quemadas, o únicamente víbora
del mal amor? A pocos centímetros me fuiste
movediza, arenosa. Nunca entraste.
Nunca saliste, y todo fue polilla a lo largo del encanto. Creí
preferible casarme con la peste. Total, estaba loco
y tú eras suficientemente falsa.

Porque, aunque escondas eso, ni todo el aparato del pudor
ni la sábana frígida de Epicteto te cubren lo justo y necesario
más abajo de cuando, feamente desnuda, repliegas venenoso el caracol,
                                                                       [y estiras
la fierecilla blanda de treinta y cinco dedos que todo y todo y todo lo
                                                                       [calculan,
pesadamente puerca.

Meses hay, meses hubo que al mortal se le vuelan los cuarenta sentidos
sin ser malo ni bueno, y se oscurece,
y hasta se transfigura. Meses hay
lerdos y envilecidos, como si todo el aire fuera mosca,
en los que uno confunde la trampa con el cielo. Y es fácil que nos den
una mujer por otra, y es sucia la desgracia.

Montevideo, febrero de 1960

ESO QUE NO SE CURA
SINO CON LA PRESENCIA Y LA FIGURA

Eso que no se cura
sino con la presencia y la figura,
esa dolencia me arde y me devora
en este puerto muerto,
todo de sed y espinas coronado.

La mujer es la imagen de toda destrucción.
La razón de los sesos destapada.
La razón. La ficción.
Esa pobre razón.
Oh, dejadla.

Miradla cómo va pisando por el mar.
Llorando por el mar con su sangre marítima.
De compras por el mar. De venta por el mar.
Oh cuánto mar en ruinas.

Oh, cuánto amor en ruinas, masacrado.
Oh virtud y belleza,
tras las vitrinas
de las grandes tiendas.

Pintada por su gran frivolidad,
vedla, ya trágica, ya cínica.
Pintada adentro de su espejo.
Vacía.

Ella duerme en el féretro
que me sirve de almohada.
Dormid con ella, oh todos mis placeres.
Veladla. Desveladla.

Poseedla, placeres inauditos.
Reventadla.

Placeres que he engastado no en diamante,
pero en demente, sí, placeres míos;
rasgadla, devolvedla a sus cenizas.
A su valle perdido.

A su niñez de donde nunca nadie
debió robármela, placeres míos.
A su niñez de trenzas por el bosque:
placeres míos.

1939

Drama pasional

Oh criminal, no mires las estrellas intactas del verano.
No me ocultes tu rostro con el velo del mármol transparente.
No me niegues que todo lo previste y planeaste como un cuadro difícil.
Yo sé que anoche tú disparaste dos tiros de revólver
contra tu prometida, y pusiste la boca del cañón en tu boca.

A un metro de tu amor, dormiste apenas un segundo en la calle.
Esas fueron tus bodas. Ese tu lecho, y esa tu mortaja.
El pavimento fue la sola almohada
para tu sien maldita,
oh príncipe nostálgico, que buscabas tu reino en la pintura.
A un paso de tu amor, el vecindario se divertía a costa de tu muerte.

Ese cuadro de cuerpos destrozados fue tu obra maestra
por la composición y el colorido de las líneas profundas.
Yo no puedo mirarlo, pero lo llevo como una llaga en mis pupilas,
como una aparición de la nada concreta convertida en origen.
Tu vida fue este lienzo firmado con el nombre de tu sangre.

Así te oigo partir, y desprenderte de mi órbita terrestre,
con el procedimiento de un cuerpo equivocado que se lanza al vacío,
sobre el viento del éxtasis, con el cuerpo solar de su novia en los brazos,
fuera del movimiento y del encanto de las nubes ilusorias.
Me pongo en pie para decirte adiós tras las corrientes siderales.

1940

Diáspora 60

A sangre, B costumbre, C decisión
y así más allá de Z,
                    zumbido
mental del fósforo,
                    cráneo
cráter, carácter,
                    acostémonos,
riámonos desnudos, mordámonos
hasta el amanecer, M con U
mujer en latín de Roma, *mulier,*
genitivo de lascivia *mulieris*
interminable, olor
a ti, a tú, a también tierra
del principio con lava
de beso, con
una muchacha que se abría para ser
dos, para
vertiente ser tres; ese, Dios mío único, juego
donde alguien
escribe una carta a quién y se llora,
siempre se llora porque por último
no hay peor cuchillo que el ahí;
                            baleado han
mi corazón, olido
he lo purpúreo, me llamo
martillo, ¿y tú, tabla? ¿Y tú,
niñez de los niños, qué andas en esto

haciendo despavorida tan
tarde?, ¿y tú, mariposa,
la translúcida?

De eso íbamos a subir por la cuesta, a hablar
cuando llovió largo el 73 un año
sucio, agujero
sangriento el sol; comimos
caballo muerto, casi

*super flumina Babylonis, illic sedimus
et flevimus,* un cuchillo
por cítara, un cóndor
por arcángel, la asfixia
o el vinagre de los locos, canten
ahora el venceremos, ¿y entonces,
estrellas, qué?; música,
más y más música, disparen
a los párpados;
         al principio
caíamos de bruces, acarreábamos
esas piedras grandes, de una aurora
a otra.

Pausado va el ojo olfateando
el horror, riendo, cómo
has crecido hijo; de costumbre
se hace la podredumbre, de tanto
mirar para paralizar, cómo
de Pekín a Berlín la rotación
contra la traslación
         porque eso
es lo único que me llamo: viejoven

el que juega a la muervida, luz
propia el Mundo.

Seis veces diez,
          60 qué
de aire y fantasma de aire, esto
que íbamos a escribir y
no escribimos, ni
respiramos, ni
nariz de nada;

         ¿el metro
de medir muerte era entonces lo Absoluto
que come uno por ahí entre
arrogancia y libertad de pie en la tabla
intrépida de los veloces?;
                   ¿cuáles veloces,
cuáles días de cuáles
seis veces diez viéndose a fondo en el espejo?

La salvación

Me enamoré de ti cuando llorabas
a tu novio, molido por la muerte,
y eras como la estrella del terror
que iluminaba al mundo.

Oh cuánto me arrepiento
de haber perdido aquella noche, bajo los árboles,
mientras sonaba el mar entre la niebla
y tú estabas eléctrica y llorosa
bajo la tempestad, oh cuánto me arrepiento
de haberme conformado con tu rostro,
con tu voz y tus dedos,
de no haberte excitado, de no haberte
tomado y poseído,
oh cuánto me arrepiento de no haberte
besado.

Algo más que tus ojos azules, algo más
que tu luz de canela,
algo más que tu voz enronquecida
de llamar a los muertos, algo más que el fulgor
fatídico de tu alma,
se ha encarnado en mi ser, como animal
que roe mis espaldas con sus dientes.

Fácil me hubiera sido morderte entre las flores
como a las campesinas,

darte un beso en la nuca, en las orejas,
y ponerte mi mancha en lo más hondo
de tu herida.

Pero fui delicado,
y lo que vino a ser una obsesión
habría sido apenas un vestido rasgado,
unas piernas cansadas de correr y correr
detrás del instantáneo frenesí, y el sudor
de una joven y un joven, libres ya de la muerte.

Oh agujero sin fin, por donde sale y entra
el mar interminable
oh deseo terrible que me hace oler tu olor
a muchacha lasciva y enlutada
detrás de los vestidos de todas las mujeres.

¿Por qué no fui feroz, por qué no te salvé
de lo turbio y perverso que exhalan los difuntos?
¿Por qué no te preñé como varón
aquella oscura noche de tormenta?

1941

Todos los elegíacos son unos canallas

Acabo de matar a una mujer
después de haber dormido con ella una semana,
después de haberla amado con locura
desde el pelo a las uñas, después de haber comido
su cuerpo y su alma, con mi cuerpo hambriento.

Aún la alcoba está llena de sus gritos,
y de sus gritos salen todavía sus ojos.
Aún está blanca y muda con los ojos abiertos,
hundida en su mudez y en su blancura,
después de la faena y la fatiga.

Son siete días con sus siete noches
los que estuvimos juntos en un enorme beso,
sin comer, sin beber, fuera del mundo,
haciendo de esta cama de hotel un remolino
en el que naufragábamos.

Al momento de hundirnos, todo era como un sol
del que nosotros fuimos solamente dos rayos,
porque no hay otro sol que el fuego convulsivo
del orgasmo sin fin, en que se quema
toda la raza humana.

Éramos dos partículas de la corriente libre.
Con el oído puesto bajo ella, despertábamos
a otro sol más terrible, pero imperecedero,

a un sol alimentado con la muerte del hombre,
y en ese sol ardíamos.

Al salir del infierno, la mujer se moría
por volver al infierno. Me acuerdo que lloraba
de sed, y me pedía que la matara pronto.
Me acuerdo de su cuerpo duro y enrojecido,
como en la playa, al beso del aire caluroso.

Ya no hay deseo en ella que no se haya cumplido.
Al verla así, me acuerdo de su risa preciosa,
de sus piernas flexibles, de su honda mordedura,
y aun la veo sangrienta entre las sábanas,
teatro de nuestra guerra.

¿Qué haré con su belleza convertida en cadáver?
¿La arrojaré por el balcón, después
de reducirla a polvo?
¿La enterraré, después? ¿La dejaré a mi lado
como triste recuerdo?

No. Nunca lloraré sobre ningún recuerdo,
porque todo recuerdo es un difunto
que nos persigue hasta la muerte.
Me acostaré con ella. La enterraré conmigo.
Despertaré con ella.

1939

CUADERNO SECRETO

Lunes, de pronto el mar; el martes
desemboca en un parque; el miércoles
pierdes las flores; el jueves
somos hijos de Júpiter; el viernes
te quiero más; el sábado
te regalo el collar; el domingo
el reloj del andén,

y no llegas nunca.

1937

Turpial a-6b

1

Doy mi vida por el último de tus cabellos,
hermosura ociosa,
              doy además
estos fantasmas, diez o doce, de la Fortuna
que me va quedando en el torrente.

2

Me aparto
a lo divertido que es
ser: espejo
que no tiene reflejo.
Carta única que me juegas loco este azar.

3

Portento
es entonces la parte que tengo de ti:
                                    fulgor
fragante, y el carácter de este retrato con lo rápido
que el hombre entra en la mujer, lo cruento,
lo mortal del aire,

4

esa nariz
adivina que casi obra
como el fuego cuando corta el oxígeno

con sus alas, lúcida la certeza
de lo níveo y permanente, mirándote mirar
la maravilla, eso es:
              la maravilla.

5

Porque todo es parte, y eres lo verde de la luz
cuando crece el peligro, desatada la música
de su instrumento, y es tan difícil,
todo es tan difícil, la tristeza,
el trópico, este mismo A-6B
en sus metros de vidrio, las precauciones
contra el Tigre de Bronce, las ilusiones
y las abluciones: el báratro,
mi Dios, ay, y el ruido.

6

Pero también la sal hace lo suyo, sin
océano contra nadie, descalza por la casa,
intersticial, insomne, sin respeto a ninguno
de los durmientes de la diáspora, blanqueando-
lo-todo-con-el-fósforo-de-su-risa:
                      las tablas
de la navegación, la horca, la vejez,
calle de Liu Li-chang: marfil y polvo,
                        ¡ábaco!

7

Si hablara esta silla, lo que diría
esta silla de trescientos años, o esta cama
de Pekín, estos cráneos de palo ronco, si
por ejemplo estas piedras

o el Molusco ése gigante
lentísimo en su vuelo de cuatrocientos
millones de exilio, que anduvo
Patagonia nupcial arriba gritando
por las cordilleras mi nombre hasta llegar
a dormir ahí desde el origen
de las aguas.

8

¿Qué diría si lo dijera?
                    ¿que Dios
es la Valva Madre, que esto de vivir
y morir es oleaje
ciego contra los arrecifes
de ninguna costa:
                ¿que por lo mismo
todo es todo de repente?

PAISAJE CON VIENTO GRANDE

Con música en la plaza y niñas de perfil, Lebu
es la costa de este domingo, con lo amargo
de todos los domingos, la ventolera
que lo turba todo, a la salida de la misa,
y tú, la arrogante del verano, pura esmeralda
de la capital, Nena
que no me oyes, llamarada
morena con tu esbeltez
salobre, entre española y alemana,
con un ojo verde y el otro azul, turgente la turgencia
del encanto, pura escultura,
correcta la nariz, pintada la lujuria de la boca
grande, con tus piernas de bailarina, pura perdición
en el carrusel, puro peligro peligroso.

Porque no te lo digo, porque nunca te lo diré
por mucho que hablemos o callemos, mi sigilosa, por mucho,
ligerísima, que corramos semidesnudos en la arena
del desafío, a ver
quién nada más lejos
por el Golfo, salto mortal, quién vuela más libre
desde lo áspero de las rocas más altas
al abismo de Boca-Lebu, justo
donde el río ronco raja la mar, la estremece
hasta el fondo de su latido; ni así voy a decírtelo.
Preferible quedarme aquí mirando abiertamente el arco chillante de las
[altísimas

gaviotas, desde la punta de este páramo
cortado a pico por la espuma; que otros se harten
de lo airoso de esa turbulencia: lo sol,
lo mar, lo lágrima que hay en ti; que otro, que alguno
te bese por dentro, que sea
lo que ha de ser;
                    cerremos, cerrazón,
estos días de viento grande con orgullo; Lebu
es un río-cuchillo que corta para abrir
lo arcano.

Lebu, 1936

Playa con andróginos

A él se le salía la muchacha y a la muchacha él
por la piel espontánea, y era poderoso
ver cuatro en la figura de estos dos
que se besaban sobre la arena; vicioso
era lo viscoso o al revés; la escena
iba de la playa a las nubes.
                      ¿Qué después
pasó; quién
entró en quién?; ¿hubo sábana
con la mancha de ella y él
fue la presa?
                ¿O atados a la deidad
del goce ríen ahí
no más su relincho de vivir, la adolescencia
de su fragancia?

CÍTARA MÍA

Cítara mía, hermosa
muchacha tantas veces gozada en mis festines
carnales y frutales, cantemos hoy para los ángeles,
toquemos para Dios este arrebato velocísimo,
desnudémonos ya, metámonos adentro
del beso más furioso,
porque el cielo nos mira y se complace
en nuestra libertad de animales desnudos.

Dame otra vez tu cuerpo, sus racimos oscuros para que de ellos mane
la luz, deja que muerda tus estrellas, tus nubes olorosas,
único cielo que conozco, permíteme
recorrerte y tocarte como un nuevo David todas las cuerdas,
para que el mismo Dios vaya con mi semilla
como un latido múltiple por tus venas preciosas
y te estalle en los pechos de mármol y destruya
tu armónica cintura, mi cítara, y te baje a la belleza
de la vida mortal.

Los amantes

París, y esto es un día del 59 en el aire.
Por lo visto es el mismo día radiante desde entonces.
La primavera sabe lo que hace con sus besos. Todavía te busco
en ese taxi urgente, y el gentío. Está escrito que esta noche
dormiré con tu cuerpo largamente, y el tren interminable.

París, y éste es el fósforo de la maravilla violenta.
Todo es en el relámpago y ardemos sin parar desde el principio
en el hartazgo. Amémonos estos pobres minutos.
De trenes y más trenes y de aviones errantes nos cosieron los dioses,
y de barcos y barcos, esta red que nos une en lo terrestre.

París, y esto el oleaje de la eternidad de repente.
Allí nos despedimos para seguir volando. No te olvides
de escribirme. La pérdida de esta piel, de estas manos,
y esas ruedas terribles que te llevan tan lejos en la noche,
y este mundo que se abre debajo de nosotros para seguir naciendo.

París, y vamos juntos en el remolino gozoso
de esto que nace y nace con la revolución de cada día.
A tus pétalos altos encomiendo la estrella del que viene en los meses de
[tu sangre,
y te dejo dormir en la sábana. Pongo mi mano en la hermosura
de tu preñez, y toco claramente el origen.

Fondo de ojo

Pero el desasimiento guarda su pesantez, arde
en su alarde tenebroso, no basta
con escribir del otro lado el sentido
súbito del azogue; la
iluminación es otra,
                    un
hombre
érase aéreo
en su anacoluto;
                  lo visto
visto está, no había
                      parto para qué
venir

a esta costa con
espuma, con
muchachas las que
musicalmente sangráis, abiertas
las umbelas azules al precipicio
de los meses cuando la Madre
malherida sube entre las redes, y

quién sabe el tiempo ni el diamante, Lo
acuérdate que eres polvo y llueve
este cielo bellísimo;
                    las palomas
lo habrán pervertido muy
molicie al vagamundo a su misterio.

PARÁFRASIS

Mi amor lo duermo en palisandro con mi desnuda
en el destierro, una sábana
por cristal encima;
                    a yegua
fragante de Faraón la he comparado
por las piernas largas de su vuelo,
                                    alados los tobillos
sin más ajorcas que el diamante
finísimo del frescor, veloces
los dos besos de sus pies;
                          a yegua
fragante de Faraón la he comparado.

Oscuridad hermosa

Anoche te he tocado y te he sentido
sin que mi mano huyera más allá de mi mano,
sin que mi cuerpo huyera, ni mi oído:
de un modo casi humano
te he sentido.

Palpitante,
no sé si como sangre o como nube
errante,
por mi casa, en puntillas, oscuridad que sube,
oscuridad que baja, corriste, centelleante.

Corriste por mi casa de madera
sus ventanas abriste
y te sentí latir la noche entera,
hija de los abismos, silenciosa,
guerrera, tan terrible, tan hermosa
que todo cuanto existe,
para mí, sin tu llama, no existiera.

COSMÉTICA

Con voz de hombre la bellísima libertina: —Coman
de esta vulva, hártense
de este equilibrio turbulento, jueguen a sangrar
cada mes esta germinación.
                        Aullaba
la loca ante el espejo, blancos
los pequeños pechos azules, la longilínea
y sus veinte años, lo borrascoso
de la música, mar
y mármol el latido, ese pelo
oloroso, esas axilas
rasuradas, el alhelí
                  Vendrá la muerte,
tendrá sus ojos.

RAPTO CON PRECIPICIO

> *Todo lo bello*
> *comienza a huir con las aguas.*
>
> WILLIAM B. YEATS

Si ha de triunfar el fuego sobre la forma fría,
descifraré a María, hija del fuego,
la elegancia del fuego, el ánimo del fuego,
el esplendor, el éxtasis del fuego

en su nieve nupcial, dieciocho límpidos,
Escocia oscura: piedra, la que no pudo ser,
animal fabuloso, sagrado, desangrado.

Novia: animal gustado noche a noche, y dormido
dentro de mi animal, también dormido,
hasta verla caer como una estrella.

Como una estrella nueve meses fijos
parada, estremecida, muelle, blanca.
Atada al aire por un hilo.

Por un hilo estelar de fuego arrebatado
a los dioses, a tres mil metros fríos
sobre la línea muerta del Pacífico.

Allí la cordillera estaba viva,
y María era allí la cordillera
de los Andes, y el aire era María.

Y el sol era María, y el placer,
la teoría del conocimiento,
y los volcanes de la poesía.

Mujer de fuego. Visible mujer.
Siempre serás aquel paraje eterno.
La cordillera y el mar, por nacer.
La catástrofe viva del silencio.

1942

Hado Hades

Prácticamente todo estará hecho de especulaciones
y eyaculaciones, la libertad,
esa rosa que arde ahí, la
misma Nada en sus pétalos,
la memoria de quién, el libro de aire
de los cielos, esta música
oída antes, el esperma de David
que engendró al otro, y ese otro
al otro como en el jazz, diamantino
el clarinete del fulgor largo, nueve
el número de nacer, más allá de los meses
lo imposible y faraónico, y el otro
al otro,
lo
aullante del círculo

de esta vieja película que vuela en el cilindro
de su éxtasis según la filmación
de los esenios cuyas máquinas
fueron capaces de ir al fondo
del laberinto palpando
una y otra vez el curso
de las estrellas en la sangre
de las hermosas, arbitrario
claro está el mecanismo, disperso
por simultáneo el sacrificio si es que el cerebro
puede más que el Hado:

al Hado
lo vadean los muertos, viven vadeándolo
leguas de agua hasta
que ya no hay orilla, unas gaviotas
vuelan hacia el sur, habrá llovido
abajo este verano lo tormentoso
de estos meses.

A Pedro Lastra

Vocales para Hilda

La que duerme ahí, la sagrada,
la que me besa y me adivina,
la translúcida, la vibrante,
la loca
de amor, la cítara
alta:

tú,

nadie
sino flexiblemente
tú,
la alta,
en el aire alto
del aceite
original
de la Especie:

tú,

la que hila
en la velocidad
ciega
del sol:

tú,

la elegancia
de tu presencia
natural
tan próxima,
mi vertiente
de diamante, mi
arpa,
tan portentosamente mía:

tú,

paraíso
o
nadie
cuerda
para oír
el viento
sobre el abismo
sideral:

tú,

página
de piel más allá
del aire:

tú,

manos
que amé,
pies
desnudos
del ritmo
de marfil

donde puse
mis besos:

tú,

volcán
y pétalos,
llama;
lengua
de amor
viva:

tú,

figura
espléndida, orquídea
cuyo carácter aéreo
me permite
volar:

tú,

muchacha
mortal, fragancia
de otra música
de nieve
sigilosamente
andina:

tú,

hija del mar
abierto,
áureo,

tú que danzas
inmóvil
parada
ahí
en
la transparencia
desde
lo hondo
del principio:

tú,

cordillera, tú,
crisálida
sonámbula
en el fulgor
impalpable
de tu corola:

tú,

nadie: tú:

Tú,
Poesía,
tú,
Espíritu,
nadie:

tú,

que soplas
al viento
estas vocales

oscuras,
estos
acordes
pausados
en el enigma
de lo terrestre:

tú:

DEL SENTIDO

Muslo lo que toco, muslo
y pétalo de mujer el día, muslo
lo blanco de lo translúcido, U
y más U, y más y más U lo último
debajo de lo último, labio
el muslo en su latido
nupcial, y ojo
el muslo de verlo todo, y Hado,
sobre todo Hado de nacer, piedra
de no morir, muslo:
leopardo tembloroso.

Encuentro con el ánfora

> *A Hilda, que la vio conmigo en Nanking*

Esta línea empieza con la filmación de esa navaja
de siete filos que bailaba como una diosa
de mármol en un mercado de la última
de las Babilonias; la recogí
entre los desperdicios del sueño, la arrullé
como a una paloma del Tigris, estaba sucia
y la lavé con mis besos.

Perdí a la sinuosa por mucho tiempo, nací de nuevo varias veces
en ese plazo, la busqué donde pude
más allá de todas las puertas, desde la Roma
del Imperio hasta el cielo convulso
de New York; volví entonces al Asia
por el Yang-Tsé, tan despierto
como para verla ahora, *verla de veras:*

        ¿dónde?
sino en ese suntuoso Nanking
de un hotel perdido, liviana en la pureza
de su lascivia, profunda
en el frescor de su aceite de bronce,
dinástica en la proporción aérea
de la luz de Han,* dónde sino ahí
podía estar,
  ahí,
    a mis ojos,
      la velocísima

* Léase Jan.

en su inmovilidad, la etrusca riente
invasora en su fragancia natural,
cegadora
        ciega
en su equilibrio, bajo el disfraz
secreto
del ánfora?

Anagnórisis no es aleluya sino infinita
pérdida del hallazgo: adiós,
encanto encantante.
                Cámara
para clausurar la escena.

CELIA

1

Y nada de lágrimas; esta mujer que cierran hoy
en su transparencia; ésta que guardan
en la litera ciega del muro
de cemento, como loca encadenada
al catre cruel en el dormitorio sin aire, sin
barquero ni barca, entre desconocidos sin rostro, ésta
es
únicamente la
Única
que nos tuvo a todos en el cielo
de su preñez.
           Alabado
sea su vientre.

2

Y nada, nada más; que me parió y me hizo
hombre, al séptimo parto
de su figura de marfil
y de fuego,
           en el rigor
de la pobreza y la tristeza,
                    y supo
oír en el silencio de mi niñez el signo,
el Signo
sigiloso

sin decirme
nunca
nada.
    Alabado
sea su parto.

3

Que otros vayan por mí ahora
que no puedo, a ponerte
ahí los claveles
colorados de los Rojas míos, tuyos,
                        hoy
trece doloroso de tu martirio,
                      los
de mi casta que nacen al alba
y renacen; que vayan a ese muro por nosotros, por Rodrigo
Tomás, por Gonzalo hijo, por Alonso; que vayan
o no, si prefieren,
              o que oscura te dejen
sola,
sola con la ceniza
            de tu belleza
que es tu resurrección, Celia
Pizarro,
    hija, nieta de Pizarros
y Pizarros muertos, Madre;
                  y vengas tú
al exilio con nosotros, a morar como antes en la gracia
de la fascinación recíproca.
                Alabado
sea tu nombre para siempre.

VERSÍCULOS

A esto vino al mundo el hombre, a combatir
la serpiente que avanza en el silbido
de las cosas, entre el fulgor
y el frenesí, como un polvo centelleante, a besar
por dentro el hueso de la locura, a poner
amor y más amor en la sábana
del huracán, a escribir en la cópula
el relámpago de seguir siendo, a jugar
este juego de respirar en el peligro.

A esto vino al mundo el hombre, a esto la mujer
de su costilla: a usar este traje con usura,
esta piel de lujuria, a comer este fulgor de fragancia
cortos días que caben adentro de unas décadas
en la nebulosa de los milenios, a ponerse
a cada instante la máscara, a inscribirse en el número de los justos
de acuerdo con las leyes de la historia o del arca
de la salvación: a esto vino el hombre.

Hasta que es cortado y arrojado a esto vino, hasta que lo desovan
como a un pescado con el cuchillo, hasta
que el desnacido sin estallar regresa a su átomo
con la humildad de la piedra,
                                cae entonces,
sigue cayendo nueve meses, sube
ahora de golpe, pasa desde la oruga
de la vejez a otra mariposa
distinta.

Cada diez años vuelvo

Cada diez años vuelvo. Salgo de mis raíces,
de mi niñez, y vuelo hasta las últimas
estrellas. Soy del aire
y entro con él en toda la hermosura terrestre:
en el fuego, en el vino, en las espléndidas
muchachas. Soy el mismo
que silba su alegría en las radiantes
calles, el mismo príncipe y el mismo prisionero.

Me pongo esta corona de diez años ardientes
—diez rosas ya resecas por las llamas
de mi cabeza oscura— y el gran público ríe
de la farsa, y yo río con ternura,
pues mi fortuna es esa: quemarme como el sol,
mi único rey, mi padre.

Rotación y traslación

Mi estrella:
tú, tan partida, y tan única,
y tan total como mi vida,
y mi muerte:
tú
eres la llama
que sale
de mis ojos.

Pareces pájaro,
y eres
cólera
porque tienes tus pétalos
manchados
por la sangre.

No te rompes en lágrimas
ni ríes
cuando tu rueda gira
frenética
en su órbita.

Todo lo haces tuyo
con un golpe
de vista.

Todo
cobra tu vuelo
profundo.

Traspasas el día
con tu eje,
como una aguja
su perla.

Tu rayo
es la piedra
que cae
a remover
las aguas
estremecidas
hacia abajo
como una flecha
sin fondo
donde posar
su cabeza.

Mi estrella:
he salido de ti
para nombrarte
en el mundo,
las aguas
con las aguas:
lo hondo
y
el silencio.

Tal vez
la máquina
es mi cadáver.

La guerra
me permite
respirar
a gusto.

La mujer
me recuerda
un precipicio.

Mi estrella:
¿por qué
nací
sobre tu roca?
¿Por qué
crecí
sobre tu espina?

Mi estrella:
mi dominio
es tu vértigo.

A mi alrededor
quema tu luz,
pero
yo te destruyo
por dentro.

1938

El fornicio

Te besara en la punta de las pestañas y en los pezones, te turbulentamente
                                                                     [besara,
mi vergonzosa, en esos muslos
de individua blanca, tocara esos pies
para otro vuelo más aire que ese aire
felino de tu fragancia, te dijera española
mía, francesa mía, inglesa, ragazza,
nórdica boreal, espuma
de la diáspora del Génesis, ¿qué más
te dijera por dentro?
                                   ¿griega,
mi egipcia, romana
por el mármol?
                     ¿fenicia,
cartaginesa, o loca, locamente andaluza
en el arco de morir
con todos los pétalos abiertos,
                               tensa
la cítara de Dios, en la danza
del fornicio?

Te oyera aullar,
te fuera mordiendo hasta las últimas
amapolas, mi posesa, te todavía
enloqueciera allí, en el frescor
ciego, te nadara
en la inmensidad

insaciable de la lascivia,
                    riera
frenético el frenesí con tus dientes, me
arrebatara el opio de tu piel hasta lo ebúrneo
de otra pureza, oyera cantar a las esferas
estallantes como Pitágoras,
                    te lamiera,
te olfateara como el león
a su leona,
            parara el sol,
fálicamente mía,
            ¡te amara!

BALLERINA

Ni que me fueras tabla recién cortada por lo olorosa con el frescor
seco de tu piel, oh adúltera
mía, perfecta mía, desertora
mía, casada con el aire, y
la locura de bailarlo todo, del Bolshoi
a la libertad quebradiza en el cruce
crucial del aleteo de unas palomas
contra otras, el escenario
níveo de las piernas, el mármol,
las luces, lo levísimo
y el desgarrón,
           ni
que me fueras por lúcida piedramente adivina
en la circunstancia para durar ahí, sin
ahí ni ahora, ni velocidad
de nada, unas plumas
desnudas de muchacha, esa escalera
de visión interminable, inescrutable hacia arriba, pintada
loca para ser,
           ni que sin último ni último me
fueras tú la música, el vidrio yo, la nube tú
mortal del Apocalipsis en tu animal de ámbar, la uva
de la resurrección, el otro cuerpo, y estas palabras
no más fotográficas se perdieran en el hilo
de ningún teléfono de humo, mía
amapola blanca de los Urales, espiga
cuando la danza.

A QUIEN VELA, TODO SE LE REVELA

> *Falo el pensar y vulva la palabra*
>
> O. P.

Bello es dormir al lado de una mujer hermosa,
después de haberla conocido
hasta la saciedad. Bello es correr desnudo
tras ella, por el césped
de los sueños eróticos.

Pero es mejor velar, no sucumbir
a la hipnosis, gustar la lucha de las fieras
detrás de la maleza, con la oreja pegada
a la espalda olorosa,
la mano como víbora en los pechos
de la durmiente, oírla
respirar, olvidada de su cuerpo desnudo.

Después, llamar a su alma
y arrancarla un segundo de su rostro,
y tener la visión de lo que ha sido
mucho antes de dormir junto a mi sangre,
cuando erraba en el éter,
como un día de lluvia.

Y, aún más, decirle: "Ven,
sal de tu cuerpo. Vámonos de fuga.
Te llevaré en mis hombros, si me dices
que, después de gozarte y conocerte,
todavía eres tú, o eres la nada".

Bello es oír su voz: —"Soy una parte
de ti, pero no soy
sino la emanación de tu locura,
la estrella del placer, nada más que el fulgor
de tu cuerpo en el mundo".

Todo es cosa de hundirse,
de caer hacia el fondo, como un árbol
parado en sus raíces, que cae, y nunca cesa
de caer hacia el fondo.

1942

Esquizotexto

—"Tengo 23, soy
modista, soltera, cómico todo
y tan raro, hablo
contigo, camita: de una vez dímela, por
qué no me la dices la Gran
Verdad, la gran
revolución: que vamos a ser piedras, plantas
clarividentes, todo porque los árboles
serán barcos y en los trenes viajará el Espíritu y
del cuerpo se hará miel,
                            la
enfermera es la nube".

LAS MUJERES VACÍAS

Pasan el día pintando otro cuerpo
sobre su cuerpo, sudan
pintura con partículas de sangre
mezclada a su belleza.

1940

Miedo al arcángel

Miedo al arcángel, le tuve miedo al arcángel
de no verte, a estos años
que hemos volado contra la tormenta, tú
en tu nogala, yo
mío en mi nogal, ni apestados
por la costumbre de la sombra, ni
despavoridos por el error
hermoso de la intemperie, como tanteando
el aire a esta altura,
      soma, sema,
pérdida en la pérdida.

Carta del suicida

Juro que esta mujer me ha partido los sesos,
porque ella sale y entra como una bala loca,
y abre mis parietales, y nunca cicatriza,
así sople el verano o el invierno,
así viva feliz sentado sobre el triunfo
y el estómago lleno, como un cóndor saciado,
así padezca el látigo del hambre, así me acueste
o me levante, y me hunda de cabeza en el día
como una piedra bajo la corriente cambiante,
así toque mi cítara para engañarme, así
se abra una puerta y entren diez mujeres desnudas,
marcadas sus espaldas con mi letra, y se arrojen
unas sobre otras hasta consumirse,
juro que ella perdura, porque ella sale y entra
como una bala loca,
me sigue adonde voy y me sirve de hada,
me besa con lujuria
tratando de escaparse de la muerte,
y, cuando caigo al sueño, se hospeda en mi columna
vertebral, y me grita pidiéndome socorro,
me arrebata a los cielos, como un cóndor sin madre
empollado en la muerte.

1940

Cama con espejos

Ese mandarín hizo de todo en esta cama con espejos, con dos espejos:
hizo el amor, tuvo la arrogancia
de creerse inmortal, y tendido aquí miró su rostro por los pies,
y el espejo de abajo le devolvió el rostro de lo visible;
así desarrolló una tesis entre dos luces: el de arriba
contra el de abajo, y acostado casi en el aire
llegó a la construcción de su gran vuelo de madera.

La estridencia de los días y el polvo seco del funcionario
no pudieron nada contra el encanto portentoso:
ideogramas carnales, mariposas de alambre distinto, fueron muchas y
[muchas
las hijas del cielo consumidas entre las llamas
de aquestos dos espejos lascivos y sonámbulos
dispuestos en lo íntimo de dos metros, cerrados el uno contra el otro:
el uno para que el otro le diga al otro que el Uno es el Principio.

Ni el yinn ni el yang, ni la alternancia del esperma y de la respiración
lo sacaron de esta liturgia, las escenas eran veloces
en la inmovilidad del paroxismo: negro el navío navegaba
lúcidamente en sus aceites y el velamen de sus barnices,
y una corriente de aire de ángeles iba de lo Alto a lo Hondo
sin reparar en que lo Hondo era lo Alto para el seso
del mandarín. Ni el yinn ni el yang, y esto se pierde en el Origen.

Pekín, 1971

Muchachas

Desde mi infancia vengo mirándolas, oliéndolas,
gustándolas, palpándolas, oyéndolas llorar,
reír, dormir, vivir;
fealdad y belleza devorándose, azote
del planeta, una ráfaga
de arcángel y de hiena
que nos alumbra y enamora,
y nos trastorna al mediodía, al golpe
de un íntimo y riente chorro ardiente.

1936

La risa

Tomad vuestro teléfono
y preguntad por ella cuando estéis desolados,
cuando estéis totalmente perdidos en la calle
con vuestras venas reventadas, sed sinceros,
decidle la verdad muy al oído.

Llamadla al primer número que miréis en el aire
escrito por la mano del sol que os transfigura,
porque ese sol es ella,
ese sol que no habla,
ese sol que os escucha
a lo largo de un hilo que va de estrella a estrella
descifrando la suerte de la razón, llamadla
hasta que oigáis su risa
que os helará la punta
del ánimo, lo mismo que la primera nieve
que hace temblar de gozo la nariz del suicida.

Esa risa lo es todo:
la puerta que se abre, la alcoba que os deslumbra,
los pezones encima del volcán que os abrasa,
las rodillas que guardan el blanco monumento,
los pelos que amenazan invadir esas cumbres,
su boca deseada, sus orejas
de cítara, sus manos,
el calor de sus ojos, lo perverso
de esta visión palpable del lujo y la lujuria:
esa risa lo es todo.

1939

Perdí mi juventud

Perdí mi juventud en los burdeles
pero no te he perdido
ni un instante, mi bestia,
máquina del placer, mi pobre novia
reventada en el baile.

Me acostaba contigo,
mordía tus pezones furibundo,
me ahogaba en tu perfume cada noche,
y al alba te miraba
dormida en la marea de la alcoba,
dura como una roca en la tormenta.

Pasábamos por ti como las olas
todos los que te amábamos. Dormíamos
con tu cuerpo sagrado.
Salíamos de ti paridos nuevamente
por el placer, al mundo.

Perdí mi juventud en los burdeles,
pero daría mi alma
por besarte a la luz de los espejos
de aquel salón, sepulcro de la carne,
el cigarro y el vino.

Allí, bella entre todas,
reinabas para mí sobre las nubes
de la miseria.

A torrentes tus ojos despedían
rayos verdes y azules. A torrentes
tu corazón salía hasta tus labios,
latía largamente por tu cuerpo,
por tus piernas hermosas
y goteaba en el pozo de tu boca profunda.

Después de la taberna,
a tientas por la escala,
maldiciendo la luz del nuevo día,
demonio a los veinte años,
entré al salón esa mañana negra.

Y se me heló la sangre al verte muda,
rodeada por las otras,
mudos los instrumentos y las sillas,
y la alfombra de felpa, y los espejos
que copiaban en vano tu hermosura.

Un coro de rameras te velaba
de rodillas, oh hermosa
llama de mi placer, y hasta diez velas
honraban con su llanto el sacrificio,
y allí donde bailaste
desnuda para mí, todo era olor
nupcial, nupcial
a muerte.

No he podido saciarme nunca en nadie,
porque yo iba subiendo, devorado
por el deseo oscuro de tu cuerpo
cuando te hallé acostada boca arriba,
y me dejaste frío en lo caliente,

y te perdí, y no pude
nacer de ti otra vez, y ya no pude
sino bajar terriblemente solo
a buscar mi cabeza por el mundo.

1939

Epitafio

Se dirá en el adiós que amé los pájaros salvajes, el aullido
cerrado ahí, tersa la tabla
de no morir, las flores:
$\qquad\qquad\qquad\qquad$ aquí yace
Gonzalo cuando el viento,
y unas pobres mujeres lo lloraron.

Pareja humana

Hartazgo y orgasmo son dos pétalos en español de un mismo lirio
[tronchado
cuando piel y vértebras, olfato y frenesí tristemente tiritan
en su blancura última, dos pétalos de nieve
y lava, dos espléndidos cuerpos deseosos
y cautelosos, asustados por el asombro, ligeramente heridos
en la luz sanguinaria de los desnudos:
                               un volcán
que empieza lentamente a hundirse.

Así el amor en el flujo espontáneo de unas venas
encendidas por el hambre de no morir, así la muerte:
la eternidad así del beso, el instante
concupiscente, la puerta de los locos,
así el así de todo después del paraíso:
                               —Dios,
ábrenos de una vez.

III

TORREÓN DEL RENEGADO

*para yacer desnudos como vinimos
entre el fulgor y el éxtasis: como vinimos
y nos vamos.*

Torreón del Renegado

A esto vine, al Torreón
del Renegado, al cuchillo
ronco de agua que no escribe
en lo libérrimo agua ni
pétalos pero cumbre
escribe y descumbre, nieve aullante, límpidas
allá abajo las piedras.

A esto y nada, que se abre
por obra del vértigo
mortal, a ésta la casa loca del
ser y más ser, a este abismo
donde Hilda pidió al Muerto:
—"Piedad, Muerto, por nosotros que
íbamos errantes, danos éste y no otro
ahí para morar, ésta por
música majestad, y no otra,
para oír al Padre".

Viniera y parárase el Torreón
del Renegado, creciera vivo
en su madera fragante, lo
angulara aéreo todo del muro pétreo
a lo diamantino de la proa
del ventanal, tramara la escalera
nerviosa en el acero de los amantes, besara
el aire la hermosura de dormir ésta

y no otra sección áurea, subiera sola la imaginación,
el agua.

Véolo desde ahora hasta más nunca así al Torreón
—Chillán de Chile arriba— del Renegado con
estrellas, medido en tiempo que arde
y arderá, leña
fresca, relincho
de caballos, y a Hilda
honda que soñó este sueño, hiló
hilandera en el torrente, ató
eso uno que nos une a todos en el agua
de los nacidos y por desnacer, curó
las heridas de lo tumultuoso.
                          —Paz
  es lo que les pido a los alerces que me oyen: paz
por ella en el ahí fantasma.

                  De lo alto del Nevado de Chillán baja turbulento
                  El Renegado, que lo amarra a la leyenda.

Domicilio en el Báltico

Tendré que dormir en alemán, aletear,
respirar si puedo en alemán entre
tranvía y tranvía, a diez kilómetros
de estridencia amarilla por hora, con esta pena
a las 5.03,
        ser exacto
y silencioso en mi número como un lisiado
más de la guerra, mimetizarme coleóptero
blanco.

Envejecer así, pasar aquí veinte años de cemento
previo al otro, en este nicho
prefabricado, barrer entonces
la escalera cada semana, tirar la libertad
a la basura en esos tarros
grandes bajo la nieve,
                agradecer,
sobre todo en alemán agradecer,
supongo, a Alguien.

Cave canem

Ya ni sé cuál de los perros me mordió, si el del más Allá
que todavía ladra a las abejas, o éste
que ahí no más, pasados esos matorrales,
se oculta.

Carbón

Veo un río veloz brillar como un cuchillo, partir
mi Lebu en dos mitades de fragancia, lo escucho,
lo huelo, lo acaricio, lo recorro en un beso de niño como entonces,
cuando el viento y la lluvia me mecían, lo siento
como una arteria más entre mis sienes y mi almohada.

Es él. Está lloviendo.
Es él. Mi padre viene mojado. Es un olor
a caballo mojado. Es Juan Antonio
Rojas sobre un caballo atravesando un río.
No hay novedad. La noche torrencial se derrumba
como mina inundada, y un rayo la estremece.

Madre, ya va a llegar: abramos el portón,
dame esa luz, yo quiero recibirlo
antes que mis hermanos. Déjame que le lleve un buen vaso de vino
para que se reponga, y me estreche en un beso,
y me clave las púas de su barba.

Ahí viene el hombre, ahí viene
embarrado, enrabiado contra la desventura, furioso
contra la explotación, muerto de hambre, ahí viene
debajo de su poncho de Castilla.

Ah, minero inmortal, ésta es tu casa
de roble, que tú mismo construiste. Adelante:
te he venido a esperar, yo soy el séptimo
de tus hijos. No importa

que hayan pasado tantas estrellas por el cielo de estos años,
que hayamos enterrado a tu mujer en un terrible agosto,
porque tú y ella estáis multiplicados. No
importa que la noche nos haya sido negra
por igual a los dos.
 —Pasa, no estés ahí
mirándome, sin verme, debajo de la lluvia.

CONJURO

1

Espíritu del caballo que sangra es lo que oigo ahora entre el galope
del automóvil y el relincho, pasado el puente
de los tablones amenazantes: agua, agua,
lúgubre agua
de nadie: las tres
en lo alto de la torre de ninguna iglesia, y abajo
el río que me llama: Lebu, Lebu
muerto de mi muerte;
                niño, mi niño,
¿y esto
soy yo por último en la velocidad
equívoca de unas ruedas, madre, de una calle
más del mundo?

2

La pregunta es otra, la pregunta verde es otra
de los árboles, no este ruido
de cloaca hueca y capital, humo
de pulmones venenosos, la pregunta es cuándo,

la diastólica arteria, la urgentísima es cuándo y
cuándo, alazán
que sangras de mí, desprendido
del sonido
del límite

del Tiempo:
    ¿cuándo,
hueso flexible; cuándo, carbón
sudoroso, límpido
del minero padre?
      Pétalos
del aroma pobre, ¿cuándo?

3

Parpadeante rito de semáforos aciagos para el sacrificio
mayor, uno piensa
líquidamente como la sangre,
rojamente piensa uno
lo poco que piensa, del trabajo al trabajo, de un aceite
a otro quemado, abre
la puerta instantánea,
       huele
de lejos los jazmines.

4

La alambrada huele de la costa aullante, la oreja
de lejos, de la mutilación, es lo que oye uno,
           la nieve
manchada que solloza, eso es lo que mira uno de tanta patria
diáfana, de tantas aves azules en el arcancielo
de Huidobro rey, de tanta cítara tensa
y libre como las cumbres y las olas, cuando Dios
moraba entre nosotros antes:
        ésa es la pérdida de uno,
y el aire es una lágrima sobre Valparaíso.

5

Espíritu del caballo que sangra, ese uno soy yo
el adivino; ese yo es nadie:
la pregunta es otra contra los vidrios esta noche
en este cráter desde donde hablo
solo como loco,
 la pregunta es quién para que Alguien
venga, si viene,
 cambie, si cambia, para que de una vez
el viento...

6

Hambre es la fosa, hasta
la respiración es hambre, hasta
el amor es hambre;
 nace uno
donde puede, a cada instante, encima del lomo
de cualquier cruce veloz, y pregunta;

7

por hambre pregunta uno, por volver
a volver, ¿a dónde?
 Tierra
que vuelas en tu huso, ¿a dónde?,
perdición y traslación, ciega serpiente, hija
de las llamas, ¿a dónde?;

8

porque yendo-viniendo se aparta uno de todo,
se aparta a su pensamiento de hambre
como el silencio a su música

tras las alambradas, no puede más con su suerte;
como el cuchillo a su cuchillo se aparta,

9

y escribe, escribe con él, lo invisible escribe, lo que le dictan
los dioses
a punto de estallar escribe, la hermosura,
la figura de la Eternidad
en la tormenta.

A Domingo Miliani

ARENGA EN EL ESPEJO

Fascinación mortal la del azogue; qué
yambos irrisorios, placeres cuáles;
                                    yo,
yo no soy Epicteto, ni fui esclavo, ni
cojo,
    ni pobre
como Iro,
        ni grato
a los Inmortales.
                Soy la vejez
yo que hace al hombre
feo,
y malo.

Prometeo

> *Los dioses lo olvidaron, las águilas lo olvidaron, él mismo se olvidó.*
> Kafka

No hubo temblor. Ni se partía el cielo.
De pronto salió el sol por la copa del Árbol.
Pudo verse un instante que el Árbol era un hombre
y que la concurrencia sólo eran sus ideas,
porque no había nadie en la montaña
sino las últimas estrellas
y el aire era una inmensa pesadilla.

1940

Epístola explosiva para que la oiga Lefebvre
(1917-1971)

Te escribo Alfredo por escribirte y éste es un jueves de hambre
de Valparaíso, acá, afuera:
                            el mundo
sigue lleno de gente, las avenidas estallantes, me abro paso
como puedo, hay un oleaje de narices más que de rostros
que salen a flote a respirar,
                             el aire mismo es un exceso
de nada, tú me entiendes, todo está lleno de nada,
lleno
como ese hueco del que nos reíamos
leyendo a Kafka con el loco Borchers, ¿lo has vuelto a ver a Juan
Borchers?, hueco
y rehueco todo, no hay piel para esconderse, no hay
por mucho lujo que chille, por mucho cemento
que ondee en la cresta del cielo, y esto se repite
así en la tierra como en la estratosfera, así en las capitales
gordas como en las flacas, esta estridencia
con mito y todo, con *Inferno* y todo, con Baudelaire
y todo, y Poesía.

A ti te lo digo, Alfredo, a ti que amaste la vida a grandes tragos
de alcohol, a ti pederasta lésbico
que mereciste ser hombre como ninguno, a ti el más mísero
y el más tierno de los creyentes, hasta tu cáliz más amargo,
y el más valiente, y el más lúcido para ver por dentro el abismo,
a ti, burlón y mártir, a ti que te alejaste

en tu platillo volador, profeta Elías de este plazo difícil,
a ti que me oyes donde estés,
                    en lo alto del Cerro
Alegre de tu Valparaíso natal,
                    —de mi Valparaíso
que me dio el silencio
para ver y oír la voz, la única voz, cuyo sonido,
cuyo sentido descifrante como ninguno—
                              a ti que lo sabías,
que ya lo sabes todo, te lo digo de golpe: aquí se cierra
la farsa del Tiempo.

Asco, Lefebvre libre cada día más joven, asco
de Apocalipsis, arcangélico
milenarista,
          ¿todo estaba escrito?
¿estaba escrito todo, como decías?
                         Pero,
pero si reventamos,
si reventamos en la oscuridad, ¿dónde, entonces, quién
va a escribirte por escribirte, por
—pobrecillo ahí—
          llamarte?

Herejía

Según el manifiesto de las estrellas y esto no es cosa de hoy
ni de ayer, pase lo que pase hay que salvar al hombre
de tanta injusticia, hacerlo grande sin
Inquisición, en un asalto al cielo
libre, pero el pobre
hombre nace y muere solo
con su soledad y su demencia
natural en el bosque
donde no cabe la piedad ni el hacha.

Cifrado en octubre

Y no te atormentes pensando que la cosa pudo haber sido de otro
                                                    [modo,
que un hombre como Miguel, y ya sabes a cuál Miguel me refiero,
a qué Miguel único, la mañana del sábado
cinco de octubre, a qué Miguel tan terrestre
a los treinta de ser y combatir, a qué valiente
tan increíble con la juventud de los héroes.

Son los peores días, tú ves, los más amargos, aquéllos
sobre los cuales no querremos volver,
                                        avísales
a todos que Miguel estuvo más alto que nunca,
que nos dijo adelante cuando la ráfaga escribió su nombre en las estrellas,
que cayó de pie como vivió, rápidamente,
que apostó su corazón al peligro
clandestino, que así como nunca
tuvo miedo supo morir en octubre
de la única muerte luminosa.
Y no te atormentes pensando, diles eso,
                                        que anoche
lo echaron al corral de la morgue, que no sabemos
gran cosa, que ya no lo veremos
hasta después.

Aula áulica

Todavía recuerdo mi clase de retórica
al aceite de hoy. Un gran silencio
hasta que el Profesor irrumpía: —Sentaos,
os traigo carne fresca; y vaciaba un paquete
de algo blando y viscoso
envuelto en diarios viejos como un pescado crudo
sobre la mesa en que él oficiaba su misa.

—Capítulo primero: el estilo del hombre
corresponde a un defecto de su lengua; y mostraba
una lengua comida por moscas de ataúd
para ilustrar su tesis con la luz del ejemplo.

—Mirad: la lengua inglesa no es la lengua española;
aquí tengo la lengua de Cervantes, su forma
de espada no coincide
con el hueco del paladar. El Profesor hablaba
canónico, mitémico, de semántica cuántica,
textos y fenotextos; y cada afirmación
era probada por la Crítica.

Ahora bien los puntos de vista de la Crítica
—pobres cuencas vacías—
eran toda esa carne palpitante
saqueada a los distintos cementerios:
lenguas, dientes, narices, paradigmas, sintagmas
que un día fueron órganos de los grandes autores
hoy tumores malignos servidos en bandejas

por profesores asnos a discípulos asnos,
¡aula la alcantarilla!

Donceles y doncellas extasiados
copiaban en papiros todas las proporciones
de la obra maestra: códigos y sememas,
isotopía arpía, semiótica esclerótica,
la precisión, la ética
de la nomenclatura.

Ante tal entusiasmo
el aroma quirúrgico de los cuerpos gloriosos
se mezclaba al olor de esos bellos difuntos
sentados en la silla de su propio excremento
y una sola corriente de inmundicia era el aire
mientras la admiración llegaba al desenfreno
cuando ese Profesor: —Si aprendéis, nos decía,
los requisitos de la creación
seréis fieros rivales de Goethe y superiores.

Y cerraba su clase;
guardaba todos los despojos nauseabundos
en su paquete y con la frente en alto
coronado en laurel por tanto éxito
nos volvía la espalda como un Dios del Olimpo
que regresa a su concha.

Todavía recuerdo mi clase de retórica
y ando por la lingüística.

Urgente a Octavio Paz

77 es el número de la germinación de la otra
Palabra, en lo efímero
de la vuelta
        mortal
               con tanto Octavio todavía
por aprender del aire, con tanta ceiba
libre que uno pudiera ser, si uno pudiera
ser ceiba en la tormenta con exilio
y todo en la germinación del número

de esta América de sangre con ventisquero
y trópico y grandes ríos
de diamante, sin más tinta
que esta respiración para escribir tu nombre más allá de las nubes
de México ciego hasta cómo decirlo
el otro México que somos todos cuando la aorta
del amanecer abre ritual el ritmo de las violetas
carnales de la Poesía, las muchachas de bronce que marchaban airosas
                                                   [al sacrificio
desnudas al matadero por nosotros antes de parirnos
altas en su doncellez hacia lo alto de los cóndores

desde donde jugamos mientras caemos página
tras página en este juego de adivinos
del siempre y el nunca de las estrellas y tú te llamas por ejemplo
77 ángeles como Blake y yo mismo me llamo
77 especies de leopardos voladores porque es justo que el aire

vuelva al aire del pensamiento y no muramos
de muerte y esto sea el principio Octavio
de otro principio y otro, y además no vinimos
aquí a esto.

Vienes corriendo y eres el mismo
niño y ya no eres, adiós

Se nace así con el oleaje del Golfo: se entra y se sale. Se entra y se sale por la puerta de espuma del Gran Golfo de Arauco. Allá abajo late el carbón y los mineros barretean toda la noche hasta el otro lado del mundo.

Victrola vieja

No confundir las moscas con las estrellas:
oh la vieja victrola de los sofistas.
Maten, maten poetas para estudiarlos.
Coman, sigan comiendo bibliografía.

Libros y libros, libros hasta las nubes,
pero la poesía se escribe sola.
Se escribe con los dientes, con el peligro,
con la verdad terrible de cada cosa.

No hay proceso que valga, ni teoría,
para parar el tiempo que nos arrasa.
Vuela y vuela el planeta, y el muerto inmóvil,
¡y únicamente el viento de la Palabra!

Qué te parece el disco de los infusos:
páginas y más páginas de cemento.
Que entren con sus guitarras los profesores
y el originalista de quince dedos.

Ese que tiene el récord y anda que te anda
descubriendo el principio de los principios.
El alfabeto mismo le queda corto
para decir lo mismo que estaba dicho.

Y al que venga el cuero que se lo ponga
antes que lo dejemos feo y desnudo.
Bajarse del caballo. La cosa empieza
por el ser más abstracto. O el más abstruso.

Dele con los estratos y la estructura
cuando el mar se demuestra pero nadando.
Siempre vendrán de vuelta sin haber ido
nunca a ninguna parte los doctorados.

Y eso que vuelan gratis: tanto prestigio,
tanto arrogante junto, tanto congreso.
Revistas y revistas y majestades
cuando los eruditos ponen un huevo.

Ponen un huevo hueco tan husserlino,
tan sibilinamente heideggeriano,
que, exhaustivos y todo, los hermeneutas
dejan el laberinto más enredado.

Paren, paren la música de esta prosa:
vieja la vieja trampa de los sofistas.
A los enmascarados y enmascarantes
este cauterio rojo de poesía.

LIBERACIÓN DE GALO GÓMEZ

Al ex-prisionero Galo Gómez Oyarzún, chilote duro hasta los huesos,
[que no se murió,
que no se marchitó, que no se envileció ni con la vida
ni el simulacro ronco de la orden de fuego, que siguió siendo, ¿y qué?,
[como seguimos siendo todos,
que siguió siendo Galo
Gómez con su transparencia viril, que anduvo noche a noche y tranco
[a tranco
los siete y más, los ocho círculos del infierno, que tuvo hambre
y sed en su cuerpo grande, asfixia
por Isabel y por los hijos, insomnio
lúcido por los muertos, desde la Quiriquina a Chacabuco, entre
alambradas eléctricas y trampas venenosas,
que nunca se arrastró, que también tuvo miedo y nunca se arrastró, a
[este Galo
no le vamos a andar con rodeos:
—¿Te atreves tú,
te atreves tú a decirle que aún le falta un centímetro por haber sido un
[académico y nada más
en la ciencia de abrir esta América oscura hasta las últimas estrellas, un
[centímetro
porque no se murió ni para nada nunca figuró,
por entero y austero, por hombre
libre desde niño, por combatiente de corazón, por
seguir siendo el mismo Galo, antes

y después del monstruo,
entre las balas y la muerte,
                    te atreves tú a pensar
que aún le falta dignidad a Galo Gómez?

ZÁNGANO

Claro que soy el zángano, y eso qué, polidactílico
encima de esta Underwood de ocasión, zumba que zumba
adentro del adentro del remolino
de estos diecisiete que uno cumple por cumplir al menor
descuido de cualquier reloj del hueso en que uno anda
todo sucio con las suelas rotas, deslomado
entre la matemática y la música;
                                     claro que sí,
que sí, que no, que no seré rey
de ninguna Itaca ni me llamarán
los que me llamarán Nadie por ningún nombre
ni volveré a volver como este ángel
que traspasa este vidrio
número trece de estas líneas sangrientamente ociosas.

Golfo de Arauco, 1936

YO QUE NO LLORO

Yo que no lloro me ha hecho llorar
este Floridor de Los Ángeles
Combarbalá adentro, me ha hecho
con lágrima reír, espantar las moscas me ha hecho,
verlo todo como si nada.

Chile como si nada verlo en su nieve, compararlo
a qué sino a nada, a qué tan lúcido
y tan rabiosamente cruel sino al frío
del chillido chillantemente sucio de las gaviotas:
                                                Chile
mío y más Chile bajo las estrellas:
                                    nada
y todavía nada pero absolutamente
que el párpado debajo de su párpado.

A Floridor Pérez,
con silepsis.

Alcohol y sílabas

La primera palabra es ábreme, vengo
del frío, dame la escritura
para quemarme libre del énfasis, hoy
en el límite del escalón sonámbulo, justo
en la vuelta 26
de esta corrida con la muerte

porque el tiempo está ahí con su materia
translúcida, en este aire adivino
que me sube por las venas sin que sea yo
este yo que vuela y anda animal
sagitario por las calles, alcohol y sílabas

celebrando el cumpleaños del loco en la peor de las sintaxis
de diciembre, viéndolo todo
por anticipado en el marco sin espejo, el amor
y el vértigo, lo simultáneo
de estar en todas partes
              ¿hay Dios
en esta quebrazón de copas, o lo que va a estallar
es el mundo?

                    (Del cuaderno: *Adiós a la Mandrágora*,
                    diciembre del 42).

EL HELICÓPTERO

Ahí anda de nuevo el helicóptero dándole vueltas y vueltas a la casa,
horas y horas, no para nunca
el asedio, ahí anda
todavía entre las nubes el moscardón con esa orden
de lo alto gira que gira olfateándonos
hasta la muerte.

Lo indaga todo desde arriba, lo escruta todo hasta el polvo con sus
                                                                                                            [antenas
minuciosas, apunta el nombre de cada uno, el instante
que entramos a la habitación, los pasos
en lo más oscuro del pensamiento, tira la red,
la recoge con los pescados aleteantes, nos paraliza.

Máquina carnicera cuyos élitros nos persiguen hasta después
que caemos, máquina sucia,
madre de los cuervos delatores, no hay abismo
comparable a esta patria hueca, a este asco
de cielo con este cóndor venenoso, a este asco de aire
apestado por el zumbido del miedo, a este asco
de vivir así en la trampa
de este tableteo de lata, entre lo turbio
del ruido y lo viscoso.

Madre yacente y madre que anda

En los días más lúgubres cuando estamos más muertos
que los difuntos sopla
tu caricia en el aire
de la conversación y parece que un golpe
nos para en pie por dentro pero nadie Gabriela,
pero Elqui abajo nadie libremente la cumbre.

Nadie la cordillera porque si despertara
el hombre de su piedra sigilosa, si nunca,
si nunca más hubiera
vanidad ni doblez, si la máscara nunca,
la persona, la máscara, si naciendo naciera.

1945

Mistraliano

Por mi parte me crié oyendo hablar de ella pero no como de una diosa sino por paisana de mi gente: los Pizarro Pizarro, los Rojas Villalón, unos Álvarez por ahí y unos de la Rivera que la trataron en Tongoy o en Tamaya, en Paihuano, en Limarí, o en Cogotí, o en Zorrilla; o más arriba en lo castizo de La Serena; gente mía que debió emigrar por la costa difícil desde Coquimbo a Arauco —recién entrado el siglo— a bordo del Guayacán, dejando aquellos huertos bíblicos por lo abierto y tormentoso del océano.

Así, casi simultáneas, empezarían a bajar hacia el sur en los días del Centenario las dos vetas de mi parentela en un trasbordo apresurado por mejorar de suerte con la manía ambulatoria de los chilenos. ¿Pero qué podrían con la lluvia y los ventarrones del golfo turbulento las hijas y los hijos del mismo valle mistraliano, perdida ahora la transparencia cálida del sol por la otra patria pequeña, áspera y estallante de Baldomero Lillo?

Piques de Millaneco y de la Amalia, de la Fortuna y Bocalebu, sólo yo me sé el horror de esos chiflones, insanos con sus pulperías y sus fichas, el luto por el muerto, la viudez de mi madre, y ese invierno, ese invierno que no paraba nunca. Pero el carbón tenía que subir hasta la fundición cuprífera de Tamaya y el negocio era ése. José Pedro Urmeneta y compañía, de Coquimbo hasta Lebu, de Lebu hasta Coquimbo, leguas de agua: de aquí para allá, de allá para acá. Está escrito que la loca geografía no va con lo sedentario y exige recomenzarlo todo en el ejercicio nada idílico de unas marchas forzadas, como lo dijo ella en su *Chile y la piedra*. Cierto es que la clave primordial de sus visiones es la patria inmediata de la infancia como si en ella y desde ella se suspendiera el tiempo —"Errante y todo, soy una tradicionalista que sigue viviendo en el valle de Elqui de su infancia." Pero la cordillera viva que fue siempre Gabriela nos enseñó la piedra fundadora como nadie. Así, se lo dijo una vez a Alfonso Reyes, el mexicano de la región más transparente: —"Esto de haberse rozado en la infancia con las rocas es algo muy trascendental."

Así también —hallazgo y más hallazgo— viniera a entrar yo mismo en la materia *porfiada* y *ácida* de las piedras el cuarenta y dos sin más impulso que el tirón de mi pasión, harto ya del Santiago-capital-de-no-sé-qué, como lo dije tantas veces.

Y harto además del opio viejo de esas mandrágoras, más livianas de liviandad literaria que venenosas.

Algo tendría que ver en la búsqueda el llamado de los cerros donde anduvieron antes los otros Rojas míos cateadores. Lo cierto es que la Sierra de Domeyko —y ya estamos entonces entrando pedregosos por Huasco Alto— me acogió a tres mil metros como a un hijo; y yo que había andado andando tanto, buscando tanto poesía con locura en los libros, amor con locura, Dios con locura y libertad, me encontré ahí de golpe con eso que era piedra y parto al mismo tiempo, fundamento o, por lo menos, rescate de tantas cosas, y asfixia para respirar de veras, y mestizaje. Todo ello sin olvidar por un minuto el carbón original de mi roquerío suboceánico.

OCTUBRE OCHO

Así que me balearon la izquierda, ¡lo que anduve
con esta pierna izquierda por el mundo! Ni un árbol
para decirle nada, y víboras, y víboras,
víboras como balas, y agárrenlo y reviéntenlo,
y el asma, y otra cosa,
y el asma, y son las tres. Y el asma, el asma, el asma.

Así que son las tres, o ya no son las tres,
ni es el ocho, ni octubre. Así que aquí termina
la quebrada del Yuro, así que la Quebrada
del Mundo, y va a estallar. Así que va a estallar
la grande, y me balearon en octubre.

Así que daban cinco mil dólares por esto, o eran cincuenta mil,
sangre mía, por esto que fuimos y que somos,
¡y todo lo que fuimos y somos! Cinco mil
por mis ojos, mis manos, cincuenta mil por todo,
con asma y todo. Y eso, roncos pulmones míos,
que íbamos a cumplir los cuarenta cantando.

Cantando los fatídicos mosquitos de la muerte:
arriba, arriba, arriba los pobres, la conducta
de la línea de fuego, bienvenida la ráfaga
si otros vienen después. Vamos, vamos veloces,
vamos veloces a vengar al muerto.

Lo mío —¿qué es lo mío?—: esta rosa, esta América
con sus viejas espinas. Toda la madrugada

me juzgan en inglés. ¿Qué es lo mío y lo mío
sino lo tuyo, hermano? La cosa fue de golpe
y al corazón. Aquí
va a empezar el origen, y cómanse su miedo.

Así que me carnearon y después me amarraron.
A Vallegrande —a qué— ¡y en helicóptero!
Bueno es regar con sangre colorada el oxígeno
aunque después me quemen y me corten las manos,
las dos manos.
      —Dispara sin parar
mientras voy con Bolívar, pero vuelvo.

Lota, 1967

Retroimpulso

Me consta que se guarda la fórmula, el cadáver
de cada idea, lo ilusorio,
el sudor, la saliva,
mientras se arroja el semen al pantano
por temor a que estalle la semilla:
este es el mito aciago
de la idea molida por el sol de la muerte.

Por eso veo claro que Dios es cosa inútil,
como el furor de las ideas
que vagan en el aire haciendo un remolino
de nacimientos, muertes, bodas y funerales,
revoluciones, guerras, iglesias, dictaduras,
infierno, esclavitud, felicidad; y todo
expresado en su música y su signo.

Por eso estoy hundido,
en esa posición de quien perdió su centro,
la cabeza apoyada en mis rodillas,
como una criatura que vuelve a las entrañas
de millares de madres sucesivas,
buscando en esos bosques las raíces primeras,
mordido por serpientes y pájaros monstruosos,
nadando en la marea del instinto,
buscando lo que soy, como un gusano
doblado para verse.

1945

Desafinado en Concepción

...Porque uno escribe en el viento y puede que de golpe y simultáneos tenga sesenta o tenga veinte; o, más atrás, esté acodado ahí todavía en la litera de arriba, la litera de tercera rumbo a Iquique —¿cómo era el nombre de ese barco de la Sudamericana de Vapores?— sacándole chispas al papel en mi *Cuaderno Secreto*, con Joyce al fondo. Nunca por cierto publicado ese cuaderno mío del aire. O esté cumpliendo ya los 20 ásperos, la Mandrágora en los sesos, los clásicos en mi corazón. O parta, esté partiendo otra vez al norte, siempre al norte cumbre arriba por esos cerros; pampa, desierto, Dios; ida y vuelta a mi Dios en el rehallazgo, como ahora. O en el filo tremendo de Valparaíso a los 28 de mi suerte escriba sin parar, lava y más lava, *La Miseria del Hombre*, para callar quince años. O aquí mismo, en Concepción, diga *Contra la Muerte* que es casi lo mismo; como es lo mismo y mismo el ardimiento de mi *Oscuro* en Caracas o de *Transtierro* en mi Madrid.

¡Lo que anduve asiático, europeo, americano de los trópicos, neoyorquino sin madre, pero más y más chileno estos diez años por el mundo!

OROMPELLO

Que no se diga que amé las nubes de Concepción, que estuve aquí esta
[década
turbia, en el Bío-Bío de los lagartos venenosos,
como en mi propia casa. Esto no era mi casa. Volví
a los peñascos sucios de Orompello en castigo, después de haberle dado
toda la vuelta al mundo.

Orompello es el año veintiséis de los tercos adoquines y el coche de
[caballos
cuando mi pobre madre qué nos dará mañana al desayuno,
y pasado mañana, cuando las doce bocas, porque no, no es posible
que estos niños sin padre.
                    Orompello. Orompello.

El viaje mismo es un absurdo. El colmo es alguien
que se pega a su musgo de Concepción al sur de las estrellas.
Costumbre de ser niño, o esto va a reventar con calle y todo,
con recuerdos y nubes que no amé.
                      Pesadilla de esperar
por si veo a mi infancia de repente.

Los días van tan rápidos

> *Venimos de la noche y hacia la noche vamos.*
> V. G.

Los días van tan rápidos en la corriente oscura que toda salvación
se me reduce apenas a respirar profundo para que el aire dure en mis
[pulmones
una semana más, los días van tan rápidos
al invisible océano que ya no tengo sangre donde nadar seguro
y me voy convirtiendo en un pescado más, con mis espinas.

Vuelvo a mi origen, voy hacia mi origen, no me espera
nadie allá, voy corriendo a la materna hondura
donde termina el hueso, me voy a mi semilla,
porque está escrito que esto se cumpla en las estrellas
y en el pobre gusano que soy, con mis semanas
y los meses gozosos que espero todavía.

Uno está aquí y no sabe que ya no está, dan ganas de reírse
de haber entrado en este juego delirante,
pero el espejo cruel te lo descifra un día
y palideces y haces como que no lo crees,
como que no lo escuchas, mi hermano, y es tu propio sollozo allá en
[el fondo.

Si eres mujer te pones la máscara más bella
para engañarte, si eres varón pones más duro
el esqueleto, pero por dentro es otra cosa,
y no hay nada, no hay nadie, sino tú mismo en esto:
así es que lo mejor es ver claro el peligro.

Estemos preparados. Quedémonos desnudos
con lo que somos, pero quememos, no pudramos
lo que somos. Ardamos. Respiremos
sin miedo. Despertemos a la gran realidad
de estar naciendo ahora, y en la última hora.

A Vicente Gerbasi
en Venezuela, en Chile,
antes, después.

Reversible

1

De cuantas décadas velocísimas ninguna como la ópera
aullante de las estrellas
de este sur
masacrado y sitiado hasta
el amanecer, lúgubres las pausas
en la artillería del miedo, un arco
sanguinario por horizonte del que llueve
plomo y pesadumbre

2

a lo largo del litoral de cinco mil kilómetros; un tiro
en la nuca de la bellísima
república de las nieves cuya danza original empieza en Arauco, la esbeltez
legendaria, la doncellez y la altivez
descalza; un mísero
tiro traidor por la espalda: mueran los hambrientos
de la patria, vivan los caballeros,

3

como en el cataclismo de la otra aurora cuando los ríos
bajaban tintos en sangre de cóndores y Dios
era aborigen en el viento volcánico
y oceánico que nos hizo hombres
torrenciales, sin otra música
que la del peligro, con Lautaro

4

adelante de sus caballos azules en el fragor
de la primavera indomable de un Bío-Bío
largo y ancho en la eternidad, abierto a los océanos, contra el hado aciago
y el invasor, en un estrépito de voces: somos aún:
¡vivimos!; vencer,
martes once, o morir; así
se escribe la primera página
en la que andamos todavía;

5

mientras sigue el baile del Gran Milenio, la euforia
del Führer fantasmal, lucientes
las botas arrogantes; un zumbido
de gaseados
de Buchenwald entre las nubes
de Dawson:
        —¿Hasta el sol
era entonces
reversible?

Pintemos al pintor

Pintemos al pintor que no pinta.
                              Me espanta
con su altivez el hipertenso. Tan orondo,
tan locuaz en la cursi sobremesa
de los snobs.

¿Y el Ojo?

¿Dónde
dejaste
el Ojo para ver
que
vives
en la trampa
y
en
el autoperdón
de
los
estériles?

A VECES PIENSO QUIÉN

A veces pienso quién, quién estará viviendo ronco mi juventud
con sus mismas espinas, liviano y vagabundo,
nadando en el oleaje de las calles horribles, sin un cobre,
remoto, y más flexible: con tres noches radiantes en las sienes
y el olor de la hermosa todavía en el tacto.

Dónde andará, qué tablas le tocará dormir a su coraje,
qué sopa devorar, cuál será su secreto
para tener veinte años y cortar en sus llamas las páginas violentas.
Porque el endemoniado repetirá también el mismo error
y de él aprenderá, si se cumple en su mano la escritura.

1814

Dijo y lo todavía anda diciendo por ahí frai Antonio Orihuela, flaco
y astroso franciscano: —"Abajo el conde. Lo
primero por conde; en las actuales circunstancias
los títulos ésos de Castilla que por desgracia abundan
demasiado en nuestro Reyno divisan,
entredivisan ya, en la mutación de las estrellas el reventón
de tanta hinchazón hasta que caiga la hojarasca
i todos juntos raspemos en el gran hueco de su cráneo
con navaja el oropel."

Juguemos al gran juego

Juguemos al gran juego de volar
en esta silla: el mundo es un relámpago.

Entro en Pekín, y caigo de cabeza en el Támesis.
Duermo en la tumba etrusca de Tarqüinia.

Me troncho el pie en Caracas si te busco en París
y despierto en un muelle de Nueva York sangrando.

Pero me sale a abrir la muchacha bellísima
de Praga, cuando el viento me arrebata en Venecia.

Arcángeles y sputniks saltan el frenesí
y me estallan los sesos. Déjame en Buenos Aires.

Todo y todo es en México lo que empieza en Moscú
y en la rueda, de un trago, llego a Valparaíso.

Transtierro

1

Miro el aire en el aire, pasarán
estos años cuántos de viento sucio
debajo del párpado cuántos
del exilio,

2

    comeré tierra
de la Tierra bajo las tablas
del cemento, me haré ojo,
oleaje me haré

3

    parado
en la roca de la identidad, este
hueso y no otro me haré, esta
música mía córnea

4

        por hueca.
           Parto
soy, parto seré.
Parto, parto, parto.

PUERTO PERDIDO

Todo es estrecho y hondo
en este suelo ingrávido, las flores
crecen sobre cuchillos, boca abajo en la arena
puede oírse un volcán; cuando la lluvia
la moja, se despeja
la incógnita, aparece
una silla fantástica en el cielo,
y allí sentado el Dios de los relámpagos
como un monte de nieve envejecido.

Todo es estrecho y hondo, las personas
no dejan huellas porque el viento
las arroja a su norte y su vacío,
de manera
que de improviso
yo salgo a mi balcón y ya no veo a nadie,
no veo casa ni mujeres rubias,
han desaparecido los jardines,
todo es arena invulnerable, todo
era ilusión, no hubo
sobre esta orilla del planeta nadie
antes que el viento.

Entonces corro hasta las olas, me hundo
en su beso, los pájaros
hacen un sol encima de mi frente,

entonces tomo posesión del aire
y de las rocas temporales
en el nombre del viento, las estrellas azules,
Valparaíso, el viento.

1944

Los letrados

Lo prostituyen todo
con su ánimo gastado en circunloquios.
Lo explican todo. Monologan
como máquinas llenas de aceite.
Lo manchan todo con su baba metafísica.

Yo los quisiera ver en los mares del sur
una noche de viento real, con la cabeza
vaciada en frío, oliendo
la soledad del mundo,
sin luna,
sin explicación posible,
fumando en el terror del desamparo.

1940

La cicatriz

> *Duelo con espada no mortífera, de acero quevediano,*
> *en loor de algún poeta de esta edad de hojalata.*

Dios pronto le dé ese premio
nacional a Braulio y el de Estocolmo si es posible
en un mismo collage para que acabe de una vez
con su rencor de payaso pobre, total el circo
es grande y translaticio, y la carpa
da para todos los de la jaula chillante; lo
doloroso es lo inexorable de Las Coéforas: —"Digo que los muertos
matan a los vivos", y esto es lo que se cumple
en el carrousel, ¿quién no se acuerda de la Bombal
amortajada que sin decirlo se lo viene este invierno sucio diciendo a
                                                    [todos los transeúntes
hacia la inmortalidad en la subasta: la inmortalidad
no se transa desde el azogue?

Amurrado en su murria no la oye el sofómano
Braulio, el heterolálico
Braulio cuya acalculia
nunca hará de él a un novelista, incluida La Endemoniada
de Santiago, sí un poeta
premiable, acatafásico gracias a la acroestesia
de la que no es culpable por mucho que aborrezca
cronófobo a los relojes y los destruya; otros pacientes
son coprófagos además.

Él no, él sabe la hora, sólo que la adelanta
mosca azul y tanatofobia, ni es figurón

tan feo como se autodice ni tan católico ni
tan sentimental ni chileno tanto, ni
para qué exagerar hollejo de uva de La Serena desde
donde vino tan
imaginativo y sensitivo, ni vamos a decir por ejemplo que
por no haber agarrado mujer
bíblica sea un trasvestista más
autoerótico en su espejo.

Dios todavía le dé hijos, los vea grandes
y hermosos, lo haga vivir
con la bolsa llena hasta el dos
mil trece, ¿qué son cien años
para este santo cuyos yerros no pasan de
pequeños desequilibrios?; tenga largos
el nacional y el nóbel, todos los premios
por los que tanto penó.
                    Del tiro
que ayer me quiso asestar en la nuca lo perdonen
Dios y la Bombal, ríase Sartre de eso; tanto es lo
que lo quiero a mi Braulio
gracioso a quien le di de comer y de bailar que hasta esa bala
es apenas una blanca
cicatriz.

LÉXICO PSIQUIÁTRICO: *Sofomanía:* Delirios de omnisciencia. *Heterolalia:* El que al hablar dice palabras que no pensaba decir. *Acalculia:* Incapacidad para contar; generalmente es el resultado de una lesión cerebral. *Acatafasia:* Trastorno del lenguaje que consiste en no poder traducir en palabras lo que se está pensando. *Acroestesia:* Hipersensibilidad en las manos y los pies. *Chronofobia:* Miedo mórbido al tiempo, que se encuentra en ciertas dolencias mentales. *Tanatofobia:* Miedo mórbido de morir. *Murria:* Especie de tristeza y cargazón de cabeza que hace andar cabizbajo y melancólico al que la padece. (Real Academia Española).

Desde abajo

Entonces nos colgaron de los pies, nos sacaron
la sangre por los ojos,
                     con un cuchillo
nos fueron marcando en el lomo, yo soy el número
25.033,
      nos pidieron
dulcemente,
casi al oído,
que gritáramos
viva no sé quien.

              Lo demás
son estas piedras que nos tapan, el viento.

Monólogo del fanático

Por mis venas discurre la sangre presurosa del animal inútil
que come cuatro veces al día como un puerco,
que me tutea y me deprime
con su palabra ufana,
testimonio evidente de esta parte de mí
que se muere al nacer, como una nube;
lo blando, lo confuso, lo que siempre está fuera
del peligro, el adorno y el encanto.

No beberé. No comeré otra carne
que la luz del peligro.
No morderé otra boca que la boca del fuego.
No saldré de mi cuerpo sino para morirme.

Ya no respiraré para otra cosa
que para estar despierto noche y día.

1940

Pericoloso

Qué rápida la calle vista de golpe, los espejos de los autos
multiplicados por el sol, qué sucio
el aire:
    ¿y esto
    era el Mundo?

                           Roma, diciembre de 1974

                               A Manuel Bermúdez

MORTAL

Del aire soy, del aire, como todo mortal,
del gran vuelo terrible y estoy aquí de paso a las estrellas,
pero vuelvo a decirte que los hombres estamos ya tan cerca los unos
[de los otros,
que sería un error, si el estallido mismo es un error,
que sería un error el que no nos amáramos.

Uno escribe en el viento

Que por qué, que hasta cuándo, que si voy a dormir noventa meses,
que moriré sin obra, que el mar se habrá perdido.
Pero yo soy el mar, y no me llamo arruga
ni volumen de nada.

Crezco y crezco en el árbol que va a volar. No hay libro
para escribir el sol. ¿Y la sangre? Trabajo
será que me encuadernen el animal. Poeta
de un tiro: justiciero.

Me acuerdo, tú te acuerdas, todos nos acordamos
de la galaxia ciega desde donde vinimos
con esta luz tan pobre a ver el mundo.
Vinimos, y eso es todo.

Tanto para eso, madre, pero entramos llorando,
pero entramos llorando al laberinto
como si nos cortaran el origen. Después
el carácter, la guerra.

El ojo no podría ver el sol
si él mismo no lo fuera. Cosmonautas, avisen
si es verdad esa estrella, o es también escritura
de la farsa.

Uno escribe en el viento: ¿para qué las palabras?
Árbol, árbol oscuro. El mar arroja lejos

a los pescados muertos. Que lean a los otros.
A mí con mis raíces.

Con mi pueblo de pobres. Me imagino a mi padre
colgado de mis pies y a mi abuelo colgado
de los pies de mi padre. Porque el minero es uno,
y además venceremos.

Venceremos. El mundo se hace con sangre. Iremos
con las tablas al hombro. Y el fusil. Una casa
para América hermosa. Una casa, una casa.
Todos somos obreros.

América es la casa: ¿dónde la nebulosa?
Me doy vueltas y vueltas en mi viejo individuo
para nacer. Ni estrella ni madre que me alumbre
lúgubremente solo.

Mortal, mortuorio río. Pasa y pasa el color,
sangra y sangra mi pueblo, corre y corre el sentido.
Pero el dinero pudre con su peste las aguas.
Cambiar, cambiar el mundo.

O dormir en el átomo que hará saltar el aire en cien mil víboras
cráter de las ciudades bellamente viciosas.
Cementerio volante: ¿dónde la realidad?
Hubo una vez un niño.

1960

Cable sin él

Lo enterramos hoy, estaba
Celia que murió antes, Juan Antonio
que mucho mucho antes, Hilda
en la niebla, los dos
Rojas de su sangre, llovió
fino a la vuelta, tan fino
sobre el mundo que sin
quererlo lloramos.

Sartre

—Soy, pues, el Perro que adivina el porvenir: profetizo.

Así vas respirando. El otro día
te iban a dar la llave y unos dólares verdes.
¡A ti, que abriste el mundo!

Náusea: tocaste fondo. El ojo real
y el niño, el niño, el niño que mira por tu rostro.
Te disparan, te dicen tuerto de mal agüero.
¡Tantos Autodidactos!

Tantos, tantos falsarios premiables y sentables
en tantas Academias. Ni Estocolmo
ni la vejez, ni Oriente ni Occidente: ¿qué es eso
del Premio: del castigo?

Un bárbaro en el Asia

Aquí en el centro del mundo, pero la Tierra no es el centro del mundo,
uno se inflama o se seca; la Tierra misma es páramo: de ella vinimos;
nos parecemos a su piel, sonamos verdes o blandos según las estaciones,
todo transcurre en su mudanza, cumplimos años tan ligeramente, nos
quemamos y ardemos, pedimos plazo y más plazo; viene el Tiempo,
[¿quién,
quién hilará después el hilo que hilaremos?

La Poesía se adelanta y sus agujas marcan el vuelo de las aves.

Tien An Men, Pekín, 1971

TARTAMUDEANTE

Corrupción y mártires, época mía la turbia
con todas las galaxias por estallar, Orgía
madre de la armonía antes, después
de la vejez del gallo aleteante
del dos mil, cúmplase
en mí la ley alta, ciérrese
el relámpago del aprendiz
que voy siendo en mi átomo;

cúmplase el cúmplase, cuélguenme de mi soga,
arcángeles
de Altazor y Maldoror,
arrebátenme hasta lejos,
y más lejos, donde ni el ojo vio,
ni el oído oyó, ni el loco
de Patmos
en la consumación, hasta lo último,
para vidente ver las multitudes, el
derrumbe, que avanzan ciegas en manadas
de serpientes aullantes de un lado a otro, perdido el Este
y el Oeste, bajo el sucio sol
del exterminio, las calles
inundadas por los océanos, los
océanos huecos, una mariposa desconocida

más grande que los bombarderos
con garras de diamante, el horror
de haber llegado a esto después de tanta
fascinación por la nada, ¡Historia,
musa de la muerte!

Vengo y anuncio el tiempo

Individuo, individuo, dices que naces
solo y mueres solo: ¿qué haremos con tus vacilaciones?

A ti que lloras ante el espejo te lo digo,
vengo y anuncio el Tiempo sin trompeta y sin ángel: te aviso que esto
[se acabó,
lo tuyo, eso, lo mío, la pululación polvorienta,
¿nos veremos el año dos mil en esta piedra del Abismo?

Sátira a la rima

He comido con los burgueses,
he bailado con los burgueses,
con los más feroces burgueses,
en una casa de burgueses.

Les he palpado sus mujeres
y me he embriagado con su vino,
y he desnudado, bajo el vino,
sus semidesnudas mujeres.

He visto el asco en su raíz,
la obscenidad en su raíz,
la estupidez en su raíz,
y la vejez en su raíz.

La burguesía y la vejez
han bailado ante mí, desnudas:
las he visto bailar desnudas,
olvidadas de su vejez.

Adentro del libertinaje,
los observé llorar de amor,
babear, sin saber que el amor
se ríe del libertinaje.

Y me divertí con su miedo,
con su amarillo, sucio miedo,
con su miedo a morir de miedo,
pues no eran hombres sino miedo.

Miedo a perder su fea plata
y, con ella, a perder la risa
y, con la plata y con la risa,
a perder su placer de plata.

¿Pero qué saben del placer
de ser y estar en este mundo
los puercos que han tirado al mundo
su libidinoso placer?

¡Cómo comían, cómo, en verdad,
mordían la presa, con qué
dientes rompían eso que
era su grasa, su verdad!

Se miraban unos a otros,
se tragaban unos a otros,
se medían unos a otros
para el zarpazo, unos y otros.

Atrincherados tras la mesa,
pude verlos tal como son:
cuál es su mundo, cuáles son
sus ideales: ¡la plata y la mesa!

¡Pensar que sus almas de cerdos
se van al cielo después de morir!
¡Y yo me tengo que morir
sin hartarme, como estos cerdos!

La comilona y la etiqueta
el traje largo y el desnudo
me permitieron ver desnudo
al arribista de etiqueta.

Pobre arribista cretinizado
por su mujer y por su suegra.
Pobre arribismo, cuya suegra
es el confort cretinizado.

Toda la gama del arribismo
mostraba sus dientes de oro.
Pero vi una mujer de oro
arriba del mismo arribismo.

Esa mujer era el amor:
el verdadero, loco amor,
el amor sin miedo. El amor
que sólo vive del amor.

En todas partes sale el sol,
hasta en la boca del pantano.
La burguesía es el pantano,
y lo que amamos es el sol.

Por eso ya cruje este mundo.
Por eso ya viene otro mundo.
Por eso ya estalla otro mundo
al fondo ciego de este mundo.

Por eso pude ver tan claro
esa noche entre los burgueses
y he comido con los burgueses,
y he bailado con los burgueses,
con los más feroces burgueses,
en una casa de burgueses.

A Violeta Parra que hizo estallar este furor monorrimo ese invierno de su Chillán de Chile el 59.

Aquí cae mi pueblo

Aquí cae mi pueblo. A esta olla podrida de la fosa
común. Aquí es salitre el rostro de mi pueblo.
Aquí es carbón el pelo de las mujeres de mi pueblo,
que tenían cien hijos, y que nunca abortaban como las meretrices
de los salones refinados en que se compra la belleza.

Aquí duermen los ángeles de las mujeres que parían
todos los años. Aquí late el corazón de mis hermanos.
Mi madre duerme aquí, besada por mi padre.
Aquí duerme el origen de nuestra dignidad:
lo real, lo concreto, la libertad y la justicia.

La farsa

Me divierte la muerte cuando pasa
en su carroza tan espléndida, seguida
por la tristeza en automóviles de lujo:
se conversa del aire, se despide
al difunto con rosas.
                      Cada deudo agobiado
halla mejor su vino en el almuerzo.

CORO DE LOS AHORCADOS

Doblados a la nada por el nudo, mo-
rado el sol, sus-
pendidos por lo corredizo, tensos
de espasmo y semen, co-
ronados de asco por el
estertor de nacer, id
y decid al Tercer Reich que
madre y
podredumbre
son
el
mismo
veneno.

A Günter Grass

Al fuego eterno

Los poetas son niños en crecimiento tenaz.
                              Alguno,
Anguita,
Cáceres,
Cid.
¿Quién más?

El desarrollo
es
la arteria
de la realidad.

¡Tantos
los
pocos
dedos
de
una
sola
mano!

Por eso
Nicanor
dice
que hay que tocar
de una vez
todas las cuerdas

de la razón
en la guitarra.

Ahora
Lihn
tiene la palabra, Hahn,
Millán; Túrkeltaub,
              Zurita.
                      ¿Dónde,
por dónde
vienen
los otros?

Llamado Neftalí

Se nos fue el único que hablaba con el Hado por nosotros, se
nos cayó del encanto
el encantador, admírese ahora
el Mundo de sus zapatos azules, hágase lenguas
de su tinta.
        Tarros de agua
enfríen fama y fortuna, frescor
para el cemento.

Desabrimiento del responso: es que uno no sabe. Piensa uno que Neruda, más allá de su genio y su dominio, ha sido nuestro respiro como Gabriela o Huidobro, o el otro el otro Pablo. Y no porque este aire suyo no se nos diera alguna vez en natural disidencia. Pero aprendimos a ver, a oler, a oír el mundo con su palabra; transidos de ella, arrebatados por ella. No cuenta el nicho para su resurrección.

LA LITERA DE ARRIBA

              A bordo de la nave Fresia, *de
   la Compañía Sudamericana de
   Vapores. Abril 1935*

Total me leí el libro de Joaquín
Cifuentes Sepúlveda: «El Adolescente
Sensual», a una semana
de «El Artista Adolescente»;
                     cuánto espejo
en el oleaje de Talcahuano a Iquique con las gaviotas
inmóviles como cuerdas en el arpa del cielo
amenazante.
        Más y más Dédalo
me recojo en el mío.

PUBLICIDAD VERGONZOSA

Porque no eres ni el frío
ni el fuego, jugador de sílabas
aparentes, urdidas con ese alambre
de uranio abstracto, pompa
y estertor del vidrio
sin imaginación,
                dispersas
en el aturdimiento las oníricas
lerdas mariposas
                infusas
                      falsas
como el do-re-mi-fa
del asco
plagiario del caos;
                por eso, y porque eso,
y antes y después de eso,
                vendrá
Lautréamont con su látigo centelleante;
                          porque eres tibio
te lo digo a ti, mercader
de hilo repetido hasta el hartazgo, vendrá
con su vozarrón:
            —Basta,
holgazán: a coser bien la costura
de tu ocio;
        fuera
con esa túnica al revés; las

hilachas no son lo mágico ni lo maravilloso, ni
lo fortuito mecánico es el azar.

       ¿Cuánto,
ungulado hiperestésico, amarillento
Narciso, con vitrina y todo, en
moneda venenosa,
     cuánto
por la inmortalidad?

CUERDAS CORTADAS PARA BALDOMERO LILLO

Como no tengo lápiz ni papel te lo digo, Baldomero, de golpe con el
                                                                                   [viento:
éste es Chile, y sus viejos volcanes que tocaban las estrellas, vestidos
de mendigos, lo mismo que su pueblo en las sucias estaciones
por donde pasa el tren desde Lota a Santiago.
                                          Los canastos van llenos,
oh Sub-Sole sangriento, de raíces y algunos pescados.
                                                        Las botellas
—y este largo, este largo parentesco de llanto— son las mismas de
                                                                         [entonces,
son las mismas de entonces, y amenaza la lluvia.

ESE RUIDO EN LOS SESOS

En las noches
cuando los oigo
rondar como libélulas
me digo:
¿morirán alguna vez
turbios los decadentes
o serán los testigos de todas las caídas
o serán animales sin testículos
que presumen de dioses, ruido
y ángeles, Swedenborg, o serán necesarios?

Libre libérrimo

Porque mi cuerpo estaba tan liviano y seguro
como el león erguido en la pradera de la aurora.

1940

EL TESTIGO

Arauco desde el fondo de la historia le dijo al miedo abiertamente ¡no!
No pasará la araña por el ojo.
La araña con su tela tenebrosa. No pasarán los ricos
por el ojo difícil de la aguja.
                      Si el Pobre de los pobres
este viernes chillante de cien mil automóviles, la noche
farisea del aire, en el aullido
del lujo, y la arrogancia, ¡si el mudo Compañero!

Voy solo en el torrente como un testigo inútil. Llorarían
las piedras de vergüenza. Crucifícale.
Dólares y más dólares veloces la serpiente
que crece y crece y crece con el miedo. Voy solo
apurando este cáliz, pueblo mío.
                                4 de septiembre de 1964

Morar el muro

Porque los cementerios del trópico son igualmente frescos: párpados
de palabras pétreas, salobres en su sal, con
algunas gotas en lo ácido
de esto visible que es lo áspero del caballo
corriendo a la siga del caballo, corriendo loco él mismo,
el mismo en el que libremente duermo.

Caída y fascinación de la historia

Eso sería todo conforme a la oblicuidad, entre la asfixia
y el incienso, con
arrugas y hazmerreír en el desprestigio del Este y amapolas
añejas al Oeste del *vultus* por decirlo así en el pétalo
del latín ya marchito de esa adivina, la
de los doce Césares, un rostro blanco
Madame como el suyo, sólo
que más níveo sin la extremaunción
de los ungüentos venenosos de hoy, sin
quirúrgica invisible ni Gulag alguno —usted me entiende—, sin
Roma que derrumbar ni libre comercio
pestífero, a prisa
la putrefacción para que nadie vea cómo es por último
lo que anda en la nebulosa del juego.

Eso no más sería: una belleza
con tristeza, sigilosas las
hojitas inmediatas del césped cuya llama húmeda veo ahí a un
metro de esta ventana mía arder
en su verdor, escribir
tierra en la tierra, sin
hilar otro hilo que el de la germinación, hambre
llamando al hambre, desnudo
al desnudo, viejo
al sol que nos ama y nos perdona, música
al fundamento y usted por justiciera tan alta,
¡tan pobrecillas ellas!

Zumbido del principio todo y todo
sería eso, la circulación
mortuoria, la
Historia que no es, el ácido-mujer que a usted la
fosforece contra el hombre, la maternece, la
envilece en lo sangriento de la trama
de lo fémino eterno por
adivina o no de tanto infortunio,

                                        griego será
su Heráclito
que la descifre, hebreo el Einstein
que corrija la imantación si
no viene antes Celan,* Paul Celan libérrimo, y se la lleva
Sena abajo por el humo.

Al Desnacido

---

* Celan: Anagrama de Anzcel, lírico único (1920-1970), en la dinastía de Hölderlin; cuyo suicidio con resurrección crece en el ritmo de esas aguas.

UPTOWN

Por céntimos sesenta vuele entonces usted este agujero culebrón
y rectilíneo, aulladores
los arcángeles, áfricas
azules las torrenciales, gacelísimas las
europeas, hebraicas
las centelleantes con la centella de David, músicas
las asias en su arroz original, sin
por cierto considerar lo otro
del precio que ya no incluye únicamente
alondras del Milenio sino vejez
venosa, venenosa, sentada aquí en el subway, sucia, los pies
tan lejos del Altísimo.

Pies pintados para la mercancía del ser
con un número, el beso
vicioso de la mirada hasta la úngula
lasciva, cierta serpiente que nos remonta al ojo
que perdimos en el parto con el oxígeno, pies como peces
y peces como pies, porque al principio fue el agua
jónica, todo tan próximo, tan
párpado.

Como ahora tan párpado sin pestañas postizas: ¿pero si va a estallar
con vidrios y todo la fanfarria de este Expreso, si
van a volar plumas de sangre, si van
a salir disparados de una hilera
tiesa a otra en el fósforo

dialéctico del hongo los pulmones
a medio respirar?

A medio respirar: ¿dónde entonces
irán las narices a
parar de estos sentados en la ilusoria
eternidad de su hemisferio, la
cutícula, el
encantamiento?

No seamos locos, juguemos a Chagall
que lo sabía, no tiremos
en este solo de trompeta desafinado el
sentido del féretro ruidoso, pensemos en Kafka
que no lo sabía y aguardaba, (¿qué aguardaba
Kafka y a quién aguardaba?), pensemos en la elegancia
de la rosa tras esa piel de muchacha,
                                      veámosla
   blanca,
      ahí,
         cómo
arde secreta, se descolora
distraída en sus pétalos menstruales, espera al Hijo
de las estrellas, no ha dicho palabra
en este desvarío ni es orgullo
su altivez, ¡espina
la su hermosura!, ¡lo que habrá oído
en el éxtasis!

¿QUIÉN DIJO VIDENCIA?

Quién dijo videncia; la película está en la calle
y es la calle, justo en El Roble
con la 42 de las putas por estridente
que parezca mezclar villorrio con
villorrio, Chillán
con New York en el ejercicio, un aroma
si se quiere fuerte, para hombres, sin confundir
fascinación con unción, útero
con rascacielo; lo cielo
no es cosa por último de alto
ni bajo (¿quién dijo aceitoso
por gozoso?); lo
abierto de la belleza es esto: la no
belleza, la no
película, la
apuesta.

Lésbico viene el mundo, habrá
que creerlo si está escrito
desde los fenicios en los periódicos con
lo turbulento de la vida, esas nubes
amenazantes; fijo que el rollo
está sucio o se ha velado por
exceso de luz.
      Calle, mi
calle mía que te me vuelas, ¿qué
New York de eso ni nada, qué

Chillán de USA voy aquí a llorar
de no ver
sino aire, como están las cosas en
la contradanza de la imantación
de la Tierra?

Poeta estrictamente cesante

Días de plumaje difícil, amarillento, en ese otro marfil
que no es el de los trigales, cuánto polvillo
para pararte en lo pernicioso de esos zapatos y salir
así a dónde por este Santiago-capital-de-no-sé-qué
a buscar trabajo, kilos de trabajo,
litros de esa especie sucia que no es amor
ni Pound ni Píndaro, que hace agua por todas partes.
Y tanto para qué, eso es lo que me dicen impertinentes,
                [intermitentes por los vidrios en
la trepidación liviana del Metro esas dos
que van ahí bellísimas a la siga de nada
que no sea semen o fulgor
de hombre, zafiro de hombre
para la transparencia de la turquesa, y yo aquí jade
negro con este traje
de loco que no va más, que
no ha ido tal vez nunca.

Abiertas las escotillas ya es otra cosa, adiós
fragancia de ellas, subo al revés
de los mineros a lo áspero de la veta, fumo smog,
duermo smog, soy smog, lavo mi cerebro en smog, me
llamo asfixia y esto es la ciudad con sus cúpulas
de smog, alicate el resuello,
cortocircuito desorbitado de su órbita el
corazón, pesado el saco, alúmbrenme
alambre las costillas.

Puede usted ocho horas, quince, novecientas así
toser, busca que busca altura, ¡qué bonitos los Bancos
recién pintados para la fiesta con su esqueleto de lujo
y lujuria, ésta sí es Eternidad
y certidumbre!, deposite aquí su alma por
rédito y más rédito fresco, y
no lo piense más, esta noche
será rey, lo lavarán desnudo en la Morgue
como cuando vino: sangre
y sienes; con un pistón lo lavarán
rey ahí,
quietecito.

*la realidad detrás
de la realidad pero
desde el relámpago*

ÍNDICE

No al lector: al oyente 9

I. Para órgano

Para órgano 13
La piedra 15
Críptico 17
Imago con gemido 18
Escrito con L 19
Réquiem de la mariposa 21
Fragmentos 22
Trotando a Blake 26
Al silencio 28
Figura mortal 29
Larvario a los 60 30
No le copien a Pound 31
Algo, alguien 33
¿A qué mentirnos? 35
Fosa con Paul Celan 36
Leo en la nebulosa 37
Por Vallejo 38
Velocísimo 39
Piélago padre 40
A la salud de André Breton 41
Carta sobre lo mismo 43
Numinoso 44
Aleph, Aleph 46
Latín y jazz 47
Adulecens, tibi dico 48

La eternidad	49
Si de mi baxa lira	50
La difunta de abril	51
Elohim	53
La materia es mi madre	54
Lo ya visto	55
El gran vidrio	56
Ejercicio	57
Contradanza	58
Remando en el ritmo	59
Papiro mortuorio	60
Ars poética en pobre prosa	62
Contra la muerte	63
La palabra	65
Retrato de la niebla	66
Aparición	67
Los niños	68
Crecimiento de Rodrigo Tomás	69
El recién nacido	74
Noche	75
Oficio de Guillermo	76
El dinero	77
Alta, muy alta, vuela la gaviota	80
Tempus abire tibi est	81
Oh pureza, pureza	82
Foto para revelar	83
El principio y el fin	84
El espejo	85
Al muerto lo bañaron	86
El sol, el sol, la muerte	87
Warum, mein Gott?	88
Gato negro a la vista	89

Viendo bailar al aire	90
Una vez el azar se llamó Jorge Cáceres	91
Espacio	92
La turbina	93
Todavía tú	94
Y nacer es aquí una fiesta innombrable	95
Naturaleza del fastidio	96
Poietomancia	97
Del libro mundo	98
Acorde clásico	99

II. Las hermosas

Las hermosas	103
Acta del suicidio	104
Flash	106
Californiana	107
¿Qué se ama cuando se ama?	108
El amor	109
A esa que va pasando ahí	114
Siempre el adiós	115
Tacto y error	116
Retrato de mujer	117
A esa empusa	118
Eso que no se cura sino con la presencia y la figura	119
Drama pasional	121
Diáspora 60	122
La salvación	125
Todos los elegíacos son unos canallas	127
Cuaderno secreto	129
Turpial a-6b	130
Paisaje con viento grande	133
Playa con andróginos	135

Cítara mía	136
Los amantes	137
Fondo de ojo	138
Paráfrasis	139
Oscuridad hermosa	140
Cosmética	141
Rapto con precipicio	142
Hado Hades	144
Vocales para Hilda	146
Del sentido	151
Encuentro con el ánfora	152
Celia	154
Versículos	156
Cada diez años vuelvo	157
Rotación y traslación	158
El fornicio	161
Ballerina	163
A quien vela, todo se le revela	164
Esquizotexto	166
Las mujeres vacías	167
Miedo al arcángel	168
Carta del suicida	169
Cama con espejos	170
Muchachas	171
La risa	172
Perdí mi juventud	173
Epitafio	176
Pareja humana	177

III. Torreón del renegado

Torreón del renegado	181
Domicilio en el Báltico	183

Cave canem	184
Carbón	185
Conjuro	187
Arenga en el espejo	191
Prometeo	192
Epístola explosiva para que la oiga Lefebvre	193
Herejía	195
Cifrado en octubre	196
Aula áulica	197
Urgente a Octavio Paz	199
Vienes corriendo y eres el mismo niño y ya no eres, adiós	201
Victrola vieja	202
Liberación de Galo Gómez	204
Zángano	206
Yo que no lloro	207
Alcohol y sílabas	208
El helicóptero	209
Madre yacente y madre que anda	210
Mistraliano	211
Octubre ocho	213
Retroimpulso	215
Desafinado en Concepción	216
Orompello	217
Los días van tan rápidos	218
Reversible	220
Pintemos al pintor	222
A veces pienso quién	223
1814	224
Juguemos al gran juego	225
Transtierro	226
Puerto perdido	227
Los letrados	229

275

La cicatriz. 230
Desde abajo 232
Monólogo del fanático 233
Pericoloso 234
Mortal 235
Uno escribe en el viento 236
Cable sin él 238
Sartre 239
Un bárbaro en el Asia 240
Tartamudeante 241
Vengo y anuncio el tiempo 243
Sátira a la rima 244
Aquí cae mi pueblo 247
La farsa. 248
Coro de los ahorcados 249
Al fuego eterno 250
Llamado Neftalí 252
La litera de arriba 253
Publicidad vergonzosa 254
Cuerdas cortadas. 256
Ese ruido en los sesos 257
Libre libérrimo 258
El testigo 259
Morar el muro 260
Caída y fascinación de la historia 261
Uptown. 263
¿Quién dijo videncia? 265
Poeta estrictamente cesante. 267

Este libro se acabó de imprimir el día 28 de julio de 1981 en los talleres de Editorial Melo, S. A., Av. Año de Juárez 226, local D, Granjas San Antonio, México 13, D. F. Se imprimieron 3 000 ejemplares y en su composición se emplearon tipos Aster de 12, 11, 10:14 y 9:10 puntos. La edición estuvo al cuidado de *Tomás Acosta Mejía*.